기술은 세상을 어떻게 바꾸는가

Good
morning
Good
night

'굿모닝 굿나잇'은 21세기 지식의 새로운 표준을 제시합니다.
이 시리즈는 (재)3·1문화재단과 김영사가 함께 발간합니다.

기술은 세상을 어떻게 바꾸는가

1판 1쇄 인쇄 2024. 9. 23.
1판 1쇄 발행 2024. 9. 30.

지은이 이정동

발행인 박강휘
편집 박보람 | 디자인 정윤수 | 마케팅 이유리 | 홍보 이한솔
본문 일러스트 최혜진
발행처 김영사
등록 1979년 5월 17일(제406−2003−036호)
주소 경기도 파주시 문발로 197(문발동) 우편번호 10881
전화 마케팅부 031)955−3100, 편집부 031)955−3200 | 팩스 031)955−3111

ISBN 979−11−94330−15−8 04300
      978−89−349−8910−3 (세트)

홈페이지 www.gimmyoung.com   블로그 blog.naver.com/gybook
인스타그램 instagram.com/gimmyoung   이메일 bestbook@gimmyoung.com

좋은 독자가 좋은 책을 만듭니다.
김영사는 독자 여러분의 의견에 항상 귀 기울이고 있습니다.

이 책의 본문은 환경부 인증을 받은 재생지 그린LIGHT에 콩기름 잉크를 사용하여 제작되었습니다.

기술은 세상을 어떻게 바꾸는가

Technology

이정동 지음

최초의 질문에서
패러다임이 되기까지

김영사

4. 기술도 생물처럼 진화의 법칙이 있다

5. 기술은 사회를, 사회는 기술을 바꾼다

창의적인 천재는 없다

혁신적 기술의 탄생에 관심이 있는 사람들은 동시 발명이라는 개념을 처음 접하면 갑자기 새로운 세계가 열린 듯한 느낌을 받는다. 몇 가지 동시 발명의 사례를 들어보자. 열역학 제1법칙인 에너지보존법칙은 제임스 줄James Joule이 발견한 것으로 알려졌지만, 동시대 거의 열다섯 명이 유사한 생각을 하고 있었다. 토머스 에디슨Thomas Edison과 거의 비슷한 시기에 심지어 조금 앞서서 전구를 발명한 사람도 스물다섯 명이나 되는 것으로 알려져 있다. 알베르트 아인슈타인Albert Einstein의 상대성이론도 앙리 푸앵카레Henri Poincaré, 헨드릭 로런츠Hendrik Lorentz 등이 거의 비슷한 시기에 유사한 개념 수준에 도달해 있던 것으로 밝혀졌다. 이와 같이 에디슨과 아인슈타인만큼 탁월한 천재가 한두 명이 아니라는 사실이 신기하지 않은가. 만약 우연의 손길이 방향을 조금만 틀었어도 에디슨과 아인슈타인 자리에 다른 사람의 이름이 등장할 수 있었다니. 멀리 볼 것도 없이 그 유명한 스티브 잡스Steve Jobs의 아이폰도 예외가 아니다. 아이폰이 발표되기 거의 10년 전에 통신 칩을 만드는 회사 퀄컴Qualcomm이 유사한 개념의 스마트폰을 만들었고, 심지어 노키아도 아이폰이 발표되기 불과 얼마 전에 비슷한 폰을 내놓았다.

이것이 시사하는 바를 한마디로 정리하자면, 창의적인 천재나 기업가가 아니더라도 당시의 조합 가능한 재료가 충분히 있다면 탁월한 기술이 확률적으로 탄생하게 되어 있다는 것이다. 즉 어떤 조건이 충족되기만 한다면 누구라도 혁신적 발명과 발견을 할 수 있다. 에디슨과 아인슈타인, 잡스가 오늘날에 사람들에게 천재로 불리는 것이, 쇼트트랙의 결승선에 여러 사람과 같이 가까이 다가가 있는 와중에 우연히도 마지막 순간에 '날 들이밀기'로 천재의 영예를 차지한 것이라니. 동시 발견이라는 개념을 곰곰이 생각해볼수록 범접하지 못할 천재 아인슈타인과 혁신의 상징인 잡스가 그 높고 신비한 자리를 박차고 우리 같은 보통 인간의 자리에 내려온 듯한 느낌을 받는다. 이는 바로 창의적 천재란 없다는 깨달음으로 이어지고, 한국의 기업들도 얼마든지 창의적 기술을 내놓을 수 있다는 안도감을 준다.

'종의 기원'과 '기술의 기원'

찰스 다윈Charles Darwin의 《종의 기원On the Origin of Species》은 혁신적 기술의 탄생 비밀을 알고 싶은 사람들에게 용기를 준다. 물 한 방울 없는 뜨거운 사막에서도 신기한 방식으로 살아가는 폭탄먼지벌레부터 수심 1만 미터가 넘는 심해에 사는 투명한 물고기까지, 이처럼 다양한 지구의 생물상이 어떻게 탄생하게 되었을까? 다윈은 변이-선택-전승이라는, 누구나 한 번만 설명을 들어도 알 만한 명쾌한 논리로 이 질문에 답했다. 다윈 이론의 전도사를 자처했던 토머스 헉슬리Thomas Huxley가 '이렇게 쉬운 논리를 왜 생각해내지 못했을까'라고 탄식했을 정도로 간명하다. 생물이 다양하다고 하지만, 기술은 훨씬 더 다양하다. 그렇다면 기술의 진화에 대한 이론도 있지 않을까? 당연히 많은 시도가 있었다.

심지어《종의 기원》이 나온 직후부터 기술도 진화한다는 주장이 명시적으로 있었고, 150년이 지난 지금까지도 많은 연구자가 기술진화의 논리를 밝히기 위해 연구에 연구를 더하고 있다. 그러나 다행인지 불행인지 아직《종의 기원》만큼 명쾌한 '기술의 기원' 이론이 정립되어 있지는 않다. 이제는 나올 때가 되지 않았을까?

나는 오랫동안 기술이란 도대체 무엇인지, 새로운 기술이 어떻게 탄생하는 것인지, 새로운 기술은 낡은 기술을 어떻게 대체해나가고, 결과적으로 어떻게 새로운 혁신기술의 갈래로 진화하는 것인지를 살펴보는 데 몰두해왔다. 목적은 분명하다. 에디슨과 아인슈타인, 잡스로 대표되는 천재들의 신비로운 창의력이 아니라 그 누구라도 이해할 수 있는 논리로 기술의 진화를 설명하는 것이다. 아직 갈 길은 멀지만, 분명 신나고 재미있는 주제다.

이 책에 실려 있는 이야기는 그런 과정에서 정리한 기술진화의 논리다. 혁신적 신기술을 만들어내고자 노력하는 연구자와 개발자 혹은 기술혁신에 조금이라도 관심 있는 일반인이 쉽게 이해할 수 있도록 사례를 중심으로 펼쳐놓았다. 나는 기술진화의 논리적 과정만 충실히 지킨다면 한국의 과학자와 기술자, 기업가 들도 세계를 깜짝 놀라게 하고 기술의 패러다임을 바꾸는 혁신적 기술을 얼마든지 만들어 낼 수 있다고 믿는다.

일러두기

이 책은 기술진화의 논리를 살펴보는 데 목적이 있다. 자연스럽게 생물진화의 논리를 많이 차용하게 되는데, 단지 개념적 유비를 바탕으로 한 차용일 뿐이라는 점을 밝혀두고자 한다. 너무나 당연하게도 기술은 생물이 아니므로 생물진화의 논리를 곧바로 적용할 수 없다. 그래서 완결된 기술진화의 논리가 나올 때까지 설명을 위해 편의상 생물진화의 개념을 임시로 빌려온 것이다.

이 책에서는 기술진화의 대상을 이야기할 때 기술과 제품을 필요에 따라 혼용해서 사용한다. 즉 기술진화와 제품 진화를 유사한 맥락에서 논의하는데, 이는 제품이 기술의 유형적 표현이기 때문이다.

Good
morning
Good
night

궁금증의 시작

이 세상에 존재하는 수많은 생물은 30억 년이 넘는 장구한 시간을 거쳐

이루어진 진화의 결과다. 생물만큼이나 다양한 기술도 진화하는 것일까?

이 책에서는 기술 역시 생물처럼 진화한다는 이야기를 여러 사례를 들어

설명할 것이다. 그 전에 먼저 기술이 무엇인지, 왜 중요한지, 기술진화를

이해하는 것이 왜 중요한지 등 기초적인 이야기부터 해보자.

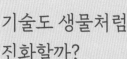

1
기술도 생물처럼 진화할까?

생물의 진화 논리: 변이-선택-전승

다윈의 그 유명한 《종의 기원》은 생명의 다양성에 대한 놀라움으로 시작한다. 다윈은 젊은 시절 갈라파고스제도에서 여러 종의 핀치새와 거북이, 각종 조개류의 다양성을 보며 감탄했고, 훗날 자연학자로서 나비와 지렁이 등 온갖 동식물을 관찰하면서 경외감을 날로 키워갔다. 그 엄청나게 다양한 생물을 도대체 어떻게 생겨난 것일까? 다윈은 그 논리를 딱 세 단어로 요약했다. 변이variation, 선택selection, 전승retention. 영어의 머리글자들을 따서 V-S-R 논리라고도 한다.

진화의 첫 단계는 '변이'다. 이는 서로 조금씩 특성이 다른 많은 수의 자손이 탄생하는 것을 의미한다. 이 중에서 당시의 환경에 적합한 것만이 살아남게 되는데, 이것이 '선택'의 과정이다. 그리고 선택적으로 살아남은 것들이 다시 후손에게 자신의 특성을 물려주게 되는 과정을 '전승'이라고 한다. 이 세 가지 메커니즘이 합쳐지면, 미물과도 같은 원시적인 생명 물질에서 출발하더라도 시간이 지남에 따라 다양한 환경과 접하면서 무수히 많은 종이 탄생할 수 있다. 다윈의 《종의 기원》은 이 간단명료한 이야기를 여러 생물의 사례를 들어 설명하고 있는 책이다.

생물만큼이나 다양한 기술

나는 기술의 다양한 모습을 볼 때마다 다윈이 생명의 다양성을 보고 느꼈을 때와 비슷한 경외감을 느낀다. 고고학자들은 1만 5,000년 전 빙하가 물러났을 때 원시인이 사용했던 인공물이 마흔 가지 정도 되었으리라 짐작한다. 그후 기술이 조금씩 발전하면서 그 숫자가 급속히 증가했다. 1547년 영국의 국왕 헨리 8세가 서거했을 때 소유물을 정리한 기록에 따르면 국왕은 약 1만 8,000종의 물건을 소유하고 있었다.[1] 그러나 이 숫자도 오늘날 평범한 일반인이 소유하거나 접할 수 있는 인공물의 숫자에 비하면 우스울 정도다. 전자상거래 웹사이트에 들어가서 지금 당장 구매할 수 있는 물건의 숫자를 헤아려보자. 아마존의 경우 책이나 미디어, 와인 등을 제외하고도 1200만 종의 물건을 구매할 수 있다. 당신이 이 글을 어디에서 읽든지 간에 몸을 움직이지 않고 잠시 눈만 들어 주변을 둘러보면서 인공물의 개수를 헤아려보라. 여러 권의 책을 그냥 책이라는 한 종류의 인공물로 치더라도 몇 가지 종류가 있는가? 놀랍게도 그 많은 인공물 종류 하나하나는 모두 다른 기술로 만들어진 것이다. 생물의 종을 약 1500만 종으로 추산하고, 그중 10퍼센트 정도를 인간이 발견한 것으로 보는 연구가 있다. 이에 반해 인공물, 즉 기술의 종류는 그보다 훨씬 다양하다. 다윈이 느꼈던 경이보다 더 큰 경이감을 느낄 만한 충분한 근거가 있다. 생물의 놀라운 다양성을 설명하기 위해《종의 기원》이 나왔다면, 기술의 경이로운 다양성을 설명하기 위해 '기술의 기원'이 있어야 하지 않을까 하는 자연스러운 희망을 떨칠 수 없다.

다윈이 생물진화를 설명하는 데 애를 먹었던 것은 종의 변화가 느렸기 때문이다. 인간은 지난 수십만 년 동안 진화해왔다고 하지만, 생물학적으로 거의 변함이 없는 상태다. 세대가 그렇게 바뀌었음에도 수천 년 동안 고래는 고래였고, 딱정벌레는 딱정벌레였다. 그러나 기술은 세대 변화를 우리 눈으로 확인할 수 있을 만큼 빠르게 진화한다. 반도체 분야를 지배하는 법칙 중 하나로, 1965년 고든 무어Gordon Moore가 내놓은 '무어의 법칙'만 봐도 그렇다. 이 법칙은 여러 버전이 있지만 공통적으로 반도체칩의 집적도, 즉 단위 칩 면적당 트랜지스터의 개수가 1~2년마다 두 배씩 높아질 것으로 예측한다. 이 법칙은 지난 60년간 거의 변함없이 지켜져 왔는데, 그 결과 불과 60년 만에 집적도는 수백만 배 높아졌고, 칩의 설계와 외양도 완전히 달라졌다. 지금의 칩을 1960년대 칩과 비교한다는 것은 오늘날의 인간과 2억 년 전 모습을 드러낸 포유류의 조상을 비교하는 것과 다름없다. 기술은 변화 속도가 빠르기 때문에 진화 현상을 관찰하기가 쉽다. 그렇다면 더더구나 기술진화를 설명하기 위한 탁월한 생각이 나올 때가 되지 않았을까.

2
기술진화를
이해해야 하는 이유

천재의 광휘를 벗겨내는 기술진화의 논리

에디슨과 아인슈타인, 잡스의 전기를 읽다 보면 보통 사람은 좌절감이 들 수밖에 없다. 범접하지 못할 통찰력과 예지력, 난관을 돌파하는 빛나는 아이디어, 거기에 99퍼센트의 노력에 1퍼센트의 창의만 더했을 뿐이라는 겸손한 언급까지 듣고 나면 무릎에서 힘이 빠질 법하다. 이번 생이 아니라 아예 다시 태어나지 않으면 안 되겠다는 생각이 들기까지 한다.

이와 반대로 생물진화의 논리는 놀랍도록 다양한 생물종이 누군가의 창의적인 의지나 영감을 바탕으로 만들어진 것이 아니라 변이-선택-전승의 논리만 따른다면 자연스럽게 도출되는 결과임을 알려준다. 눈으로 사물을 인식하고 뇌로 신호를 전달해 근육으로 다시 반응하는 인간의 그 경이로운 메커니즘도, 섭씨 400도의 뜨거운 물이 뿜어져 나오는 심해의 열수분출공 주변에 서식하는 황화박테리아의 탄생도 설명할 수 있다.

생물진화의 논리와 마찬가지로, 기술진화도 그런 논리를 따른다면 누구든 놀라운 기술을 만들어낼 수 있다. 에디슨과 아인슈타인, 잡스는 우연히도 그 논리를 잘 따라갔던 사람이다. 비단 개인뿐 아니라 기업, 나아가 국가도 마찬가지다. 기술진화의 논리에 충실히 따르는 방식으로 기업을 리드하고 국가를 경영하면 혁신적인 기술이 끊임없이 솟아나는 기술 챔피언 기업, 그리고 그런 기업들이 수두룩한 기술 선진국이 될 수 있다.

더 깊은 의미도 있다. 인간은 이미 기술과 복합체로서 떼려야 뗄 수 없는 한 몸으로 진화하고 있다. 그렇다면 기술의 진화 논리를 이해하면 인간의 존재 양태와 문명의 진화 과정을 이해하는 중요한 인문학적 통찰도 얻을 수 있다. 나아가 기술의 미래에 대한 단초를 얻을 수 있다면, 인간의 미래에 대해서도 마찬가지로 희미한 상을 그려낼 수 있을 것이다.

3
기술이 왜 중요할까?

과학의 역사보다 긴 기술의 역사

흔히 과학기술Science & Technology이라고 한 묶음으로 이야기되고 있지만, 과학과 기술은 엄연히 다르다. 과학이 사물의 운행과 작동 원리를 이해하고 설명하는 데 목적을 둔다면, 기술은 인공물artifact을 만들어 인간의 삶에 도움이 되는 기능을 발휘하는 것이 목적이다. 과학이 인공물을 만들 때 원리적으로 도움이 될 수도 있지만, 과학의 도움 없이도 기술이 존재할 수 있다. 유체역학이란 말을 들어본 적 없는 호주의 원주민도 부메랑을 만들어 사냥하지 않는가. 그렇게 보면 기술은 인간의 탄생과 함께했지만, 과학은 사실상 17세기 근대 과학혁명 이후에 등장했다고 할 수 있다. 실제로 산업혁명 이후 20세기 초반까지 급격하게 발달하던 많은 기술 가운데는 과학의 도움 없이 탄생한 것이 많다. 증기 기관이 열역학 덕분에 탄생한 것이 아니라 열역학이 증기 기관에 힘입은 바가 크다고 말할 정도다.

그러나 현대에 들어 과학이 여러 기술의 작동 원리를 체계적으로 설명하면서, 기술 발전의 속도가 가속화한 것 또한 분명한 사실이다. 반도체나 통신, 첨단 신약 등 오늘날의 대부분 기술은 과학의 발전이 없었으면 탄생하지 못했다.

기술 이야기로 다시 돌아가 보면, 기술은 인류의 탄생과 맥을 같이한다. 원시인이 돌을 깨서 여러 용도로 사용하던 구석기시대는 멀리 330만 년 전까지로 거슬러 올라간다. 뒤이어 돌을 가는 기술을 발명하면서 신석기시대가 열리고, 청동기와 철기 기술이 따라오면서 비로소 역사적으로 기록된 문명이 장엄한 모습을 드러냈다. 기술이 없었다면 육체적으로 허약하기 짝이 없는 인간은 자연계에서 일찍이 멸종하고 말았을 것이다.

지금은 어떤가. 아침에 일어나서 밤에 잠들 때까지 현대인은 기술에 완전히 둘러싸여 있다. 평범한 사무직 직장인을 생각해보자. 일단 사무실 책상에는 컴퓨터와 모니터, 자판과 마우스가 있다. 손에는 휴대전화가 있고, 주변에는 서너 종류의 펜과 색색의 메모지도 있다. 이 평범한 직장인이 아침에 출근해서 퇴근할 때까지 어떤 인공물을 접하는지 떠올려보면 기술의 종류는 더 많아진다. 치약과 칫솔, 비누 같은 세면도구, 버스와 지하철 같은 교통수단, 엘리베이터와 자동문 같은 설비까지, 일일이 헤아리는 게 불가능할 정도다. 이 하나하나의 인공물 이면에는 기술이 있다. 알고 보면 한 대의 컴퓨터도 그 안을 뜯어보면 마이크로프로세서와 메모리칩, 전선과 볼트, 너트 등 수만 개의 부품 그리고 그 부품을 만든 수많은 기술을 볼 수 있다. 손으로 만질 수 없는 기술도 많다. 당장 휴대전화에서 이용 가능한 앱 하나하나는 물리적인 실체가 없을 뿐 독자적인 기능을 수행하는 인공물과 다를 바 없고, 어마어마한 개수의 앱을 만들려면 모두 저마다의 기술이 필요하다.

인간의 생물학적 제약을 뛰어넘는 기술

기술은 인간에게 공기나 피부 못지않게 중요하다. 인간이 만든 기술, 그 기술로 만든 모든 인공물을 사용하지 못한다면 아무리 현대인이라 하더라도 야생에서는 굶어 죽거나 맹수에 잡아먹히기 십상이다. 자연인으로 사는 모습을 보여주는 다큐멘터리들이 있지만, 잘 벼려진 칼과 비를 막는 텐트, 음식을 데우는 버너가 당장 눈에 띈다. 너무 익숙하고 당연하기 때문에 기술이 얼마나 다양하고 면밀하게 인간을 둘러싸고 있는지를 인식하고 있지 못할 따름이다.

엄밀한 의미에서 인간은 독자적으로 존재하는 것이 아니라 인간-기술 복합체로서 존재한다. 몸의 일부를 기계로 바꿔 넣은 사이보그를 이상하게 여기는 사람이 많지만, 곰곰이 생각해보면 인간은 지구상에 등장한 이래 항상 사이보그와 같았다. 원시시대에는 석기를 손에 쥐었다면, 지금은 인공심장박동기를 몸에 넣고, 하드디스크와 서버를 확장된 두뇌로 이용한다는 차이가 있을 뿐이다. 거기에 더해 기술은 단순한 도구를 넘어 이제 인간과 함께 진화하는 존재가 되었다.

기술 덕분에 인간은 생물학적 제약을 벗어나 가능성을 한껏 확장해왔다. 원시시대에 태어난 아기 네 명 중 한 명은 첫 돌을 맞이하기 전에 세상을 떠났다. 지금은 전 세계 평균으로 1,000명당 28명 정도의 영아사망률을 보이며, 한국은 2.7명 수준이다.[2] 원시시대와 비교하면 한국의 영아사망률은 극도로 낮아진 셈이다. 신생아를 둘러싼 기술 환경이 극적으로 발전했기 때문이다. 멀리 볼 것도 없이 100년 전 우리나라만 해도 미숙아로 태어난 아기들은 대부분 슬픈 운명을 맞이할 수밖에 없었지만, 지금은 복잡한 장치들로 구성된 인큐베이터 기술 덕분에 별 탈 없이 건강하게 자란다.

기술의 발전으로 인간은 자연의 제약에서 벗어날 수 있었다. 대부분의 생물이 지구상의 특정한 자연환경에서만 살아갈 수 있는 데 반해 인간은 보일러와 에어컨 기술 덕분에 영하 70도를 오가는 북극에서부터 영상 50도가 넘는 열대 사막에서도 삶을 영위할 수 있다. 한때 화물트럭은 운전대를 돌리기 위해 상당한 근육의 힘이 필요했기 때문에 여성이 운전하기 어려웠다. 그러나 파워스티어링power steering 기술이 등장하고 나서 지금은 웬만한 여성도 수십 톤의 화물을 싣고 알래스카를 횡단하는 거대한 트럭을 너끈히 몰 수 있다. 물리적 거리의 제약 없이 지구 반대편에 있는 사람과 얼굴을 보면서 소통할 수 있는 것도 화상통신시스템이라는 기술 덕분이고, 인류가 코로나19 팬데믹의 위험에서 벗어날 수 있었던 것도 백신이라는 기술이 있었기 때문이다. 최근 급속히 발달하고 있는 생성형 인공지능 기술도 마찬가지다.

디자인에 재주가 없는 사람이라도 표현하고 싶은 무언가가 있다면 인공지능의 도움으로 멋진 포스터를 만들어낼 수 있다.

기술은 인간이 생물학적 제약을 벗어나 상상 속의 가능성을 마음껏 펼치도록 했다. 한마디로 기술은 인간을 자유롭게 하고, 활동 영역을 확장시킨다. 인류의 새벽이 밝아온 이래 인간은 기술과 한 몸처럼 발전해왔고, 생물학적 인간의 모습은 변함없었지만 기술 덕분에 기술과 인간이 합쳐진 복합체는 더 큰 존재로 발전했다. 그 결과가 오늘 우리가 누리고 있는 현대문명이다.

2장

아이디어에서 새로운 기술이 탄생하기까지

신기술이 구기술을 몰아내면서 새로운 기술 종의 갈래를 만들어가는 복잡한 기술의 진화 과정을 이해하기 위해서는 무엇보다 먼저 하나의 신기술이 어떻게 탄생하는지를 이해해야 한다. 생명체 하나가 어떻게 탄생하는지를 이해해야 이들이 모여서 집단적으로 어떤 진화적 과정을 거치는지 이해할 수 있는 것과 같다.

1
먼지봉투 없는
진공청소기의 탄생

최초의 질문과 5,127번의 스케일업

신기술 하나가 탄생하는 과정을 지켜볼 수 있는 좋은 사례가 있다. 원래 진공청소기에는 모두 먼지봉투가 달려 있었지만, 요즘 가전제품 매장을 가 보면 먼지봉투 달린 진공청소기를 찾을 수 없다. 1901년 영국의 발명가 세실 부스Cecil Booth가 최초로 발명한 이래 진공청소기의 교과서적 개념 설계는 먼지가 포함된 공기를 빨아들이고, 먼지를 거른 다음 깨끗해진 공기를 내보내는 것이었다. 이때 걸러진 먼지가 담긴 먼지봉투는 털거나 빨아서 다시 끼우는 것이 기본 개념이었다. 이러한 기본 개념을 깨고 먼지봉투 없는 진공청소기라는 혁신적인 제품을 제일 먼저 탄생시킨 기업

이 영국의 혁신가 제임스 다이슨James Dyson이 세운 다이슨
이라는 회사다. 수십 년 동안 변하지 않던 진공청소기의 세
상에서 먼지봉투 없는 청소기라는 새로운 종은 어떻게 탄
생한 것일까?

다이슨은 창의적인 제품 설계로 유명한 발명가이자 뛰어
난 산업디자이너다. 1978년 무렵 집에서 쓰던 청소기의 먼
지봉투를 털다가 누구나 한 번쯤 생각해볼 만한 문제의식
을 느끼게 되었다. '먼지봉투를 털고 다시 갈아 끼우는 불편
한 과정이 없으면 좋지 않을까? 그렇다면 아예 먼지봉투 없
는 청소기를 만들면 어떨까?' 그 생각을 하고 곧바로 연습
장에 어렴풋하게 아이디어를 스케치했다.

이 아이디어를 바탕으로 청소기를 만들어보았으나 당연
하게도 제대로 작동하지 않았다. 아무도 해본 적이 없었기
때문이다. 문제를 찾고 고치기를 반복하면서 시제품을 내
놓았고, 다시 소비자의 피드백을 받아가며 개선하기를 반
복한 끝에 마침내 1993년 원심력으로 공기에서 먼지를 분
리하는 사이클론 기술을 완성했다. 이 기술을 장착한 최초
의 먼지봉투 없는 청소기가 'DC01'인데, 여기에까지 이르
기 위해 시제품을 만들어본 횟수가 5,127번에 이르렀다는

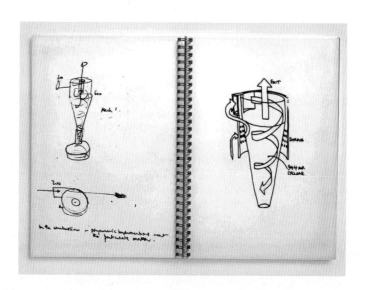

다이슨이 최초로 그린 먼지봉투 없는 청소기의 아이디어 스케치

이야기는 유명한 일화다.

하룻밤에 완성되었다는 신기술은 신화

이 사례는 새로운 기술 하나가 탄생하는 원리를 가장 압축적으로 담고 있다. 즉 무언가를 해보고 싶거나 혹은 이렇게 해보면 어떨까 하는 '최초의 질문'이 있어야 한다. 그러나 최초의 질문은 당연히 '최초'이므로 처음부터 완성형의 해답이 있을 리 없다. 첫 번째 버전은 제대로 작동하지 않겠

지만, 여기서 포기하지 않고 그 원인을 하나씩 찾으면서 조금씩 개선해나가는 과정을 거쳐야 한다. 그 과정 끝에·마침내 작동가능한 제품이 탄생하게 된다. 개선을 축적해나가는 이 힘든 과정을 '스케일업 scale-up'이라고 한다. 지금까지 없던 하나의 신기술이 탄생하는 과정은 '최초의 질문'과 '스케일업'이라는 두 단어로 요약된다.

이 과정은 분야와 상관없이 모든 신기술의 탄생 과정에서 공통적으로 관찰된다. 하나의 신약이 탄생하는 과정도 이와 같다. 특정 질환을 치료하기 위해 A라는 단백질을 조절하면 되겠다는 아이디어를 떠올렸다고 하자. 이것이 최초의 질문에 해당한다. 그러나 이 단백질을 조절할 수 있는 후보 물질이 생각처럼 금방 찾아지지 않는다. 수만 번 실험을 반복하면서 여러 다른 조합으로 화합물을 만들어본 다음에야 몇 개의 신약 후보 물질이 만들어진다. 여기서 끝이 아니다. 동물실험으로 효능과 독성을 체크하면서 물질의 조성을 다듬는 과정을 지루하게 거쳐야 한다. 이 과정을 무사히 통과해도 인간을 대상으로 임상 1상, 2상, 3상이라고 부르는 본격적인 테스트와 수정 과정이 기다리고 있다. 아이디어에서 시작해 이 긴 스케일업의 단계를 거쳐 신약이 탄생하는 과정은 낙타가 바늘구멍을 지나는 것만큼이나 어려운 과정이다.

분야를 막론하고 이 '최초의 질문'과 '스케일업'이라는 과정을 거치지 않은 신기술은 존재하지 않는다. 어떤 천재가 기가 막힌 아이디어를 떠올린 덕분에 놀라운 신기술이 하룻밤 만에 탄생했다는 것은 신화에 가까운 이야기다.

다음은 스케일업이라는 과정이 구체적으로 어떻게 진행되는지 좀 더 자세히 살펴보자.

2
스케일업:
신기술 탄생의 출발점

실험실과 현실의 차이

몇 년 전 한 바이오벤처기업을 찾았다. 그 기업은 국내 대학의 연구실에서 개발한 뛰어난 특허를 적지 않은 돈을 주고 이전받았지만, 7년째 스케일업을 이어나가고 있었다. 기술 이전 당시 꼼꼼히 확인한 이론과 실험 결과는 틀림없었지만, 인체에 투여하는 것을 전제로 스케일업을 시작하자 예상과 다른 문제들이 속출했다. 생각지도 못했던 독성이 발견되었고, 인체 내의 다른 물질들과 상호작용하면서 예상치 못한 부작용이 관찰되었기 때문이다. 효능 역시 기대에 미치지 못하는 것으로 나왔다. 이러저러한 화합물을 붙이고 떼고 테스트하면서 시간은 한없이 흘러가고 있었다. 천만다

행으로 특허로 나온 최초 아이디어의 잠재력은 여전히 유효했기에 투자자들이 투자금을 계속 지원해주고 있었고, 그 덕분에 지난한 시행착오를 이어나갈 수 있었다.

제3자의 검증을 거친 훌륭한 논문이 있고, 승인된 국제특허가 있을 정도로 확실한 아이디어인데, 왜 금방 현실화되지 않는 것일까? 결정적인 이유는 실험실 환경과 현실의 환경이 다르기 때문이다. 실험실은 현실에 존재하는 많은 변수를 제거하거나 변하지 않는 것으로 통제한 인위적인 환경이다. 이런 통제된 환경에서 자신이 보고자 하는 변수의 영향을 집중적으로 관찰하면서 하나의 규칙을 발견하게 되고, 이것은 과학적 성과로 인정된다. 그 결과가 학술지 논문과 국제특허다. 그러나 이 아이디어가 적용될 현실은 실험실과 다르다. 현실에서는 실험실 환경을 만들기 위해 제거했던 온갖 요소가 영향을 미친다. 쉬운 예로 실험실에서 생물학 실험을 할 때 실험장비들을 소독약으로 깨끗이 씻지만, 인체 내에서는 장기 혹은 세포 안팎에 있는 온갖 생물학적 요소를 완전히 제거할 수도 없고 제거해서도 안 된다. 실험실은 자연환경의 축소판이라고 간주되지만, 엄밀하게 말하면 실험하기 용이하도록 인위적으로 만든 환경이라고 하는 것이 맞다.

이처럼 제어된 실험 환경에서 얻은 과학적 지식이 현실에서 작동하기 위해서는 실험을 위해 의도적으로 배제했던 수많은 변수가 야기하는 문제들을 하나하나 해결해나가는 엔지니어링의 시간이 필요할 수밖에 없다. 스케일업 과정은 실험실의 과학을 현실로 옮기는 공학의 영역이다. 아무리 뛰어난 과학적 발견이어도 뛰어난 공학적 스케일업 과정 없이는 제 기능을 할 수 없다.

스케일업의 핵심은 현장의 엔지니어링

1976년 스탠리 휘팅엄Stanley Whittingham 교수는 리튬이온을 기반으로 리튬이온배터리의 개념을 최초로 제시했다. 리튬을 사용해서 충전과 방전을 반복할 수 있는 배터리, 즉 2차전지를 만들자는 아이디어 자체는 기막힌 발상이었지만, 출력전압이 너무 낮아 현실적으로는 쓰기 어려웠다. 비유하자면, 다이슨이 노트에 그린 먼지봉투 없는 청소기 아이디어의 최초 스케치와 같았다. 1980년 존 구디너프John Goodenough 교수는 휘팅엄 교수가 제안했던 리튬이온배터리의 양극으로 리튬코발트산화물을 쓰면 출력이 두 배 이상 높아진다는 사실을 발견했다. 큰 진전이었지만, 그래도 여전히 문제가 있었다. 리튬이온이 충전과 방전을 반복하는 과정에서 불규칙한 결정체로 성장하는 탓에 단락 현상을 일으켜 폭발이 일어나기 쉬웠기 때문이다. 1985년 일본의 요시노 아키라Yoshino Akira 박사가 스케일업의 결정적인 마지막 퍼즐을 맞추었다. 음극으로 리튬 대신 흑연을 사용하면 폭발 위험이 극적으로 낮아진다는 사실을 알아낸 것이다. 수많은 사람의 노력이 있었겠지만, 대표적으로 이 세 사람의 노력이 퍼즐 조각처럼 하나하나 끼워 맞춰지고 나서야 오늘날처럼 노트북과 휴대전화, 전기차가 일상화된 2차전지의 세상이 열린 것이다. 우리가 쓰는 리튬이온배터리를 만들어내는 과정에서 휘팅엄, 구디너프, 요시노 중 누가 가장 중요한 역할을 한 것일까? 퍼즐 판의 비유를 들면 그 누구 한 사람도 빠져서는 안 된다는 것이 정답이다. 노벨위원회도 그 경중을 가리는 것이 타당하지 않다는 생각으로 2019년 이 세 명의 연구자에게 노벨화학상을 공동으로 수여했다.

이 가운데 특히 요시노 아키라가 노벨상을 받았을 때 순수과학자가 아니라는 이유로 고개를 갸웃하는 사람이 많았다. 요시노 아키라는 1970년 교토대학 공학부를 졸업하고, 화학회사인 아사히카세이의 연구소에서 직장 생활을 시작했다. 2005년 오사카대학에서 공학박사 학위를 취득하고 회사의 연구소 소장이 되었지만, 평생을 이 회사에서 과학적 발견을 현실의 기술로 옮기는 데 기여한 전형적인 현장 연구자였다. 그가 없었다면 리튬이온배터리는 스케일업의 험한 고개를 넘지 못하고 그저 기발한 발상 정도로 사라졌거나, 지금도 장난감 정도의 작은 응용 분야에서 천천히 스케일업 되고 있었을지도 모른다. 과학적 발견에 스케일업을 위한 현장 엔지니어링 노력이 합쳐지지 않으면 신기술은 탄생하지 않는다.

이렇듯 스케일업은 신기술이 탄생하는 데 반드시 거쳐야 하는 필수 관문의 하나다. 과학적 원리는 교과서에 비교적 잘 정리되어 있지만, 스케일업은 그 과정에서 생기는 문제가 워낙 다양하다 보니 교과서가 없는 게 당연하다. 많은 종류의 문제를 접해보고, 해법을 찾기 위해 여러 시도를 해보면서 경험을 축적하는 것이 더 중요하다. 이 과정에서 생기는 시행착오의 경험을 모아둔 것을 매뉴얼이라고 한다.

기술 선도 기업은 스케일업 전문 기업

글로벌 거대 기술 기업들의 정체도 잘 생각해보면 스케일업 전문 회사임을 알 수 있다. 전 세계의 대학과 연구소에서 탄생하는 좋은 과학적 아이디어들을 싼값에 구해 와서 쓸 수 있는 기술로 스케일업 하는 데 특화된 경험을 축적하고 있기 때문이다. 글로벌 제약회사가 전형적인 스케일업 회사이지만, 정보통신 분야 빅테크 기업도 마찬가지다. 구글이 2015년 영국의 작은 벤처기업인 딥마인드를 인수한 것도 아이디어 단계였고, 인수 후 사실상 지금까지도 스케일업을 하고 있다. 반대로 좋은 아이디어가 스케일업 되지 못하고 사그라진 경우는 훨씬 더 많다. 신약 개발의 사례를 예로 들자면 1만 개 아이디어 중 한 개 정도가 성공적으로 스케일업 되고, 나머지 9,999개는 스케일업 중간에 사라진다. 인공지능 기술도 최초의 아이디어는 1956년 제기되었으나, 60년 동안이나 시행착오를 축적하면서 조금씩 스케일업 된 끝에 생성형 인공지능이라는 멋진 모습으로 우리 눈앞에 나타난 것이다. 그만큼 스케일업은 어려운 과정이다. 아무리 좋은 아이디어라도 스케일업을 거치지 않으면 신기술로 탄생하지 못한다는 것을 중요하게 기억해야 한다.

3
최초의 질문:
스케일업의 전제

수요로부터 출발한 최초의 질문

스케일업의 중요성을 이야기하다 보면 최초의 질문, 즉 첫 아이디어를 별것 아닌 것처럼 생각하기 쉽지만 결코 그렇지 않다. 최초의 질문과 스케일업은 두 손뼉처럼 서로 마주 부딪쳐야 소리가 난다. 최초의 질문이 도전적이지 않고 너무 쉬우면 스케일업을 할 필요조차 없다.

최초의 질문에는 어떤 것이 있을까? 멀리 볼 것도 없이 탁월한 신기술의 역사를 조금만 들여다봐도 그 첫 자리에서 항상 최초의 질문을 발견할 수 있다. '먼지봉투 없는 청소기를 만들 수 있을까'라는 질문이나 '리튬을 2차전지의 기반 원소로 쓰면 어떨까'라는 질문은 앞서 소개했지만, 그

외에도 무수히 많다. 1990년대 말 MIT의 총장이 던진 질문도 도전적이면서 황당하기는 마찬가지였다. '대학 강의실에서 진행되는 모든 교육 내용을 인터넷을 통해 공개하면 어떨까?'라는 질문은 당시 MIT 내 많은 교수와 대학 경영진을 당혹스럽게 했다. 1088년 이탈리아의 볼로냐대학이 최초의 대학으로 설립된 이래 거의 1,000년 동안 대학 강의실에서 진행되는 강의록과 교수의 강의 내용은 외부에 공개된 적이 없었다. 그러니 당시 MIT 총장이 던진 이 질문이 무모하게 받아들여진 것은 당연했다. 전례가 없었기 때문에 어떻게 하는지 방법도 알 수 없었다. 그러나 시행착오를 거쳐 2003년 최초로 MIT OCW Open Course Ware의 웹사이트가 개설되었고, 그 뒤로 스케일업을 거듭한 끝에 지금의 대규모 온라인 공개수업 Massive Open Online Course(MOOC)이라는 새로운 산업 분야가 탄생했다.

최초의 질문은 혁신가가 던지는 고유한 문제의식이다. 달리 말하면 최초의 질문을 잘 던지는 사람이 혁신의 리더라고 할 수 있다. 그렇다면 이들은 어디서 이런 고유한 질문들을 발굴하는 것일까? 이때 도움이 되는 개념이 수요견인 market pull과 기술추동 technology push이다.

수요견인은 수요자로서 무언가 불편하거나 새로운 것을 해보고 싶다는 생각이 들 때 그냥 지나치지 않고 대안을 탐색하는 것이다. 기업이라면 수요자의 문제 제기를 예민하게 알아채고 채택해서 도전 과제로 제시하는 것이 수요견인형 최초의 질문이다. 다이슨의 먼지봉투 없는 청소기라는 질문도 알고 보면 본인이 집에서 청소하다가 먼지가 막혀 흡입력이 떨어지고, 먼지로 꽉 찬 봉투를 버리거나 다시 갈아 끼우는 과정이 불편했던 것에서 출발한다. 마음에 드는 노래 한 곡을 듣고 싶지만 그 노래가 들어 있는 가수의 음반 하나를 통째로 사야 하는 고객의 입장에서는 당연히 자신이 원하는 노래 한 곡만 들을 수 없을까 하는 질문을 던질 수 있고, 이 문제 제기를 받아 스케일업 한 결과 탄생한 것이 음악 스트리밍이라는 새로운 기술의 산업이다.

기술로부터 출발한 최초의 질문

반대로 기술추동형 질문은 자신이 알고 있는 기술을 어디에 쓸 수 있을까 하는 차원에서 던지는 것이다. 1864년 제임스 맥스웰James Maxwell이 전파의 존재를 이론적 가설로 주장하고, 1888년 하인리히 헤르츠Heinrich Hertz가 그 존재를 실험으로 증명한 것은 과학적 호기심이 이끈 결과였다. 그러나 이 과학적 발견을 접한 굴리엘모 마르코니Guglielmo Marconi는 전파를 활용해서 무엇을 할 수 있는지 고민했고, 무선으로 신호를 주고받을 수 있지 않을까 하는 질문을 던졌다. 그 결과 1901년 최초로 대서양을 횡단하는 무선통신 기술을 성공시켰고, 대륙 간 소통의 거리는 극적으로 줄어들었다.

바이오엔지니어링이라는 새로운 기술 분야가 생긴 것도 마찬가지다. 그 출발은 DNA의 발견이라는 과학적 업적이었다. 1869년 프리드리히 미셰르Friedrich Miescher가 처음으로 유전체의 존재 가능성을 인식했다고 알려졌지만, 1953년 제임스 왓슨James Watson과 프랜시스 크릭Francis Crick이 X선 회절 사진으로 유전체의 이중나선 구조를 밝힘으로써 DNA가 하나의 과학적 사실로 인류에게 그 모습을 드러냈다. 그러나 여전히 과학적 원리에 머물러 있었다. 그 후 1970년대에 들어서야 DNA를 조작할 수 있다면 인위적으로 생물의 특징을 만들어낼 수 있지 않을까 하는 질문이 본격적으로 등장하기 시작한다. 그 결과가 지금의 바이오엔지니어링 기술이다. 바이오엔지니어링 기술 덕분에 의약학 분야는 말할 것도 없고, 농업 부문에서도 엄청난 변화가 시작되었고, 오늘날 인류는 분배의 왜곡 문제를 논외로 한다면 사실상 굶을 걱정을 하지 않아도 되는 시대에 들어섰다.

수요견인형 질문과 기술추동형 질문은 무를 자르듯이 명확하게 분리되지 않는다. 새로운 기술을 접하고 나서 어디에 쓸 수 있을까를 고민하고(기술추동), 그런 고민을 하다 보면 뭔가 부족한 부분을 채워줄 새로운 기술을 만들 수 없을까 고민하게 된다(수요견인). 그래서 새로운 수요와 새로운 기술은 서로 영향을 주고받으면서 질문을 진화시키는데, 이를 공진화coevolution라고 한다.

기술의 생로병사

지금까지 하나의 신기술이 탄생하는 과정을 살펴보았다. 그러나 이렇게 어렵게 탄생한 신기술 앞에 놓인 길은 결코 순탄하지 않다. 수많은 신기술이 모든 사람이 쓸 것이라는 큰 기대를 품고 등장하지만, 대부분은 사람들에게 존재를 알리기도 전에 무대 뒤로 사라진다. 그래서 신기술의 탄생에 이어 살펴봐야 할 단계는 신생아가 그러하듯, 신기술을 많은 사람이 채택하면서 성장하고 성숙해가다가, 마침내 다음 세대의 신기술로 대체되는 생애를 살펴보는 일이다.

1
기술은 어떻게 확산될까?

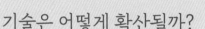

기술 확산의 5단계와 캐즘

기술이 처음 인간사회에 모습을 드러낸 뒤 많은 사람이 채택하게 되는 확산의 과정에 대해서는 에버렛 로저스 Everett Rogers의 5단계 확산모형이 가장 직관적으로 설명한다.[1] 신기술이 처음 등장하면 잠재적인 소비자 가운데 뭔가 새로운 것을 써보고 싶어 하는 성향의 사람들이 제일 먼저 채택한다. 이들을 혁신가innovators라고 부르고, 평균적으로 인구의 약 2.5퍼센트에 해당하는 사람일 것으로 추산한다. 혁신가가 신기술을 채택하는 것을 보고 바로 뒤이어 초기 사용자early adopter가 채택하기 시작한다. 이들은 전체의 약 13.5퍼센트로 추산한다. 이들의 입소문을 타고 약 34퍼센트

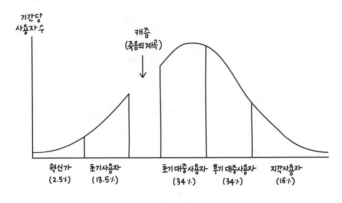

기술 확산의 전형적인 패턴

에 해당하는 초기대중사용자early majority가 등장하면서 신
기술이 시장에 완전히 자리를 잡는다. 뒤를 이어 역시 34퍼
센트 정도의 규모에 해당하는 후기대중사용자late majority가
채택하기 시작하면 시장에서 신기술을 쓸 만한 사람은 대
부분 채택한 상태가 되고, 기술은 정체기에 들어가게 된다.
마지막으로 신기술에 대해 끝까지 관망하는 태도를 취하던
16퍼센트 정도의 사람이 마지못해 지각사용자laggards로서
마지막 자리를 채운다. 이 누적사용자 비율이 100퍼센트에
이르면 모든 사람이 신기술을 채택한 것이다.

흥미롭게도 모든 사람이 채택하는 아름다운 결말에 이르
게 되는 기술은 극소수다. 대부분은 혁신가 몇 명이 써보는

단계에 머무르거나, 특히 얼리 어답터라고 부르는 초기사용자 그룹을 넘어 초기대중사용자가 사용하는 단계에 이르지 못하고 사라지는 경우가 많다. 워낙 많은 신기술이 이런 간극을 넘지 못하고 사라지기 때문에 이 단계를 틈, 즉 '캐즘chasm'이라고 한다. 2024년 들어 전 세계적으로 폭발적으로 성장하던 전기차 산업의 성장이 갑자기 둔화되면서 한국의 전기차용 2차전지 산업까지 어려움을 겪고 있는데, 이를 보도하는 신문 기사에서 가장 많이 등장하는 단어가 바로 캐즘이다. 즉 전기차 기술이 초기 확산 단계에서 캐즘을 맞이하고 있다는 식으로 이야기하는 것이다.

캐즘은 스케일업과도 관계가 있다. 스케일업 과정 중에 풀기 어려운 숙제를 만나면 대부분의 아이디어는 중도 하차하게 된다. 이 구간이 바로 캐즘이고, 그 엄중함을 강조하기 위해 '죽음의 계곡valley of death'이라는 말을 쓰기도 한다.

빨라지는 기술 확산의 속도

신기술이 어느 정도 확산된 상태까지 이르는 데 걸리는 시간, 확산 속도는 당연히 기술마다 다르다. 그러나 한 가지 특징은 과거에 비해 확산에 걸리는 시간이 점점 단축되

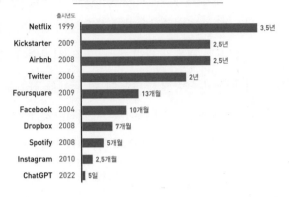

100만 사용자를 확보하기까지 걸린 시간

출시년도

Netflix	1999	3.5년
Kickstarter	2009	2.5년
Airbnb	2008	2.5년
Twitter	2006	2년
Foursquare	2009	13개월
Facebook	2004	10개월
Dropbox	2008	7개월
Spotify	2008	5개월
Instagram	2010	2.5개월
ChatGPT	2022	5일

점점 빨라지는 신기술의 확산 속도

고 있다는 점이다. 예를 들어 라디오가 출시되고 1억 명이 사용하게 되기까지 38년이 걸렸는데, PC는 16년, 인터넷은 7년이 걸렸다. 같은 기준으로 스마트폰은 1억 명 사용자가 되기까지 4년이 걸렸지만, 챗GPT ChatGPT는 불과 2개월이 걸렸다. 위 그림은 여러 서비스가 가입자 100만 명을 확보하는 데 걸린 시간을 나타내는데, 넷플릭스가 3.5년이 걸린 데 비해 챗GPT는 불과 5일이 걸렸을 뿐이다.

모든 기술이 다 그런 것은 아니지만, 성공적으로 확산된 기술만 놓고 보았을 때 그 확산 속도가 빨라지는 것은 왜일까? 무엇보다 소비자 간에 정보를 주고받는 속도가 전례 없이 빨라졌기 때문이다. 근대 이전에는 화약이나 활판인쇄술 등 하나의 신기술이 다른 지역으로 전파되는 데 수백 년이 걸렸다. 그러나 20세기 들어 신문이나 전신 등을 타고 정보 확산의 속도가 빨라지면서 기술 확산의 속도도 빨라졌다. 지금은 거의 실시간으로 사용자 후기와 이용 팁이 공유되고 있기 때문에 기술 확산 역시 극히 짧은 시간에 일어난다.

한편 기술 확산의 속도가 빠르다는 것은 모든 사람이 사용하는 시장 포화 상태가 빨리 온다는 뜻이기도 하다. 그렇게 되면, 새로운 수요가 생기기 때문에 기존 기술은 시장 포화상태에 이르기도 전에 신기술로 대체될 가능성이 커진다. 이는 기술의 전체 수명 또한 짧아진다는 뜻이기도 하다. 유선전화에서 발달한 시티폰CT Phone이라는 기술이 제대로 확산되기도 전에 휴대전화기술로 대체된 것과 같다. 전반적으로 기술 발전의 속도가 빨라질수록 신기술이 구기술을 대체하는 속도 또한 빨라진다. 최초의 질문과 스케일업으로 어렵게 탄생하고, 확산에 성공한 기술이라고 하더라도, 그 영광을 오래도록 유지하기가 점점 힘들어지는 환경이 되고 있다.

2
어떤 기술이
지배적 표준이 될까?

기술혁신의 패턴 변화와 지배적 표준의 등장

기술이 탄생해서 자리를 잡아가는 과정 중에 특히 혁신가와 초기수용자가 등장하고 난 뒤 초기대중사용자가 채택하기 전, 즉 캐즘의 전후 시기를 좀 더 상세히 들여다보면 흥미로운 점이 관찰된다. 혁신가와 초기수용자가 신기술을 채택하는 동안에는 신기술의 구체적인 형태에 대해 이러저러한 여러 후보가 서로 경쟁하듯이 앞서거나 뒤서거니 등장한다. 예를 들어 인터넷 검색이라는 신기술이 막 등장하던 1990년대 중반에서 2000년대 초반까지 여러 형태의 검색기술이 우후죽순처럼 등장했다. 넷스케이프가 있었고, 야후와 라이코스, 알타비스타 등 많은 기술이 저마다의 이름으로 자신만의 기술적 강점을 내세웠다. 비유하자면 비 온 뒤 들판에 온갖 종류의 꽃들이 저마다 지배종이 될 것이라고 뽐내며 일거에 화르르 피어나는 것과 같다. 한국에서도 코시크, 까치네, 심마니 등이 등장했다가 사라졌고, 그 후 네이버와 다음 등의 검색엔진이 등장했다. 이들 초창기 서비스는 이름만 다른 것이 아니라 검색엔진을 구현할 때 다른 기술을 사용했고, 자신들의 기술이 검색 시장의 표준이 될 것이라고 기대했다. 지금은 구글이 세계적으로 대세이지만, 검색엔진이라는 기술의 종이 처음 등장하던 시기에는 이처럼 다양한 기술이 경쟁했다는 점을 기억해야 한다. 이 시기를 제품혁신product innovation의 시기라고 한다. 쉽게 표현하면 기술의 표준으로 인정받는 위상을 차지하기 위해 서로 다른 제품의 디자인과 설계의 개념들이 치열하게 경쟁하는 시기, 즉 '다르게 만들기' 게임의 시기다.

그러나 기술력, 소비자 선호, 규제 등 여러 측면에서 기술 선택의 환경은 냉혹해서 그중에 아주 극소수만이 살아남아 시장 표준의 위치에 오르고 대중사용자가 채택하게 된다. 이렇게 왕좌의 지위를 차지한 기술을 지배적 표준dominant design 혹은 지배적 디자인이라 하고, 이후에 만들어지는 기술은 이 지배적 표준을 따라서 만들어지게 된다. 우리 주변에 있는 모든 제품은 모두 지배적 표준을 반영한 것인데, 자동차도 예외가 아니다. 20세기 초 자동차가 처음 등장할 때 가솔린차뿐 아니라 증기기관차, 전기차 등 온갖 엔진 기술과 삼륜차나 마차와 기차의 혼합형처럼 다른 외관 디자인을 자랑하는 여러 종류의 자동차 개념이 등장했다. 하지만 포드가 내놓은 모델 T Model T라는 자동차가 지배적 표준의 위치를 얻자, 그 후에 나온 모든 자동차는 모델 T의 설계를 기본으로 만들어졌다. 그 결과 지금은 아이들에게 자동차를 그리라고 하면 꽁무니에서 연기가 나오고, 네 바퀴에 둥근 운전대를 갖춘 차의 모양을 그리는데, 이것이 모델 T로부터 자리 잡은 자동차의 지배적 표준이다.

지배적 표준이 굳건히 자리를 잡고 나면, 신기술 경쟁의 양상이 확 바뀐다. 지배적 표준이 자리 잡기 이전에는 서로 지배적 표준이 되어보겠다는 여러 종류의 대안이 등장하지만, 일단 표준이 자리 잡은 후에는 더 이상 다른 대안적인 모델을 만드는 일이 무의미해진다. 그 대신 지배적 표준을 따라 만들되 누가 더 효율적으로, 즉 값싸고 빠르게 만들 수 있는지에 초점을 맞추어 기술이 발전한다. 이 시기를 공정

포드의 모델 T 자동차 생산 라인

혁신process innovation의 시기라고 한다. 쉽게 말해서 '싸게 만들기' 경쟁이라고 할 수 있다. 이 공정혁신이 활발히 일어나면 신기술로 만들어진 제품의 가격이 급격히 낮아지고, 초기 및 후기 대중기술사용자가 기술 채택의 대열에 참여하게 된다.

요약하면 신기술과 신제품은 생로병사를 겪는 동안 일정한 혁신의 패턴 변화를 겪게 되는데, 제품혁신 경쟁을 통해 지배적 표준이 선택되고, 그 이후 지배적 표준을 효율적으로 만들어내기 위한 기술 경쟁, 즉 공정혁신이 활발히 일어난다. '다르게 만들기' 게임에서 '싸게 만들기' 게임으로 기술혁신의 목표가 전환되는 것이다.

경로의존성과 패러다임 고착

제품혁신 기간에 등장하는 여러 설계 개념은 지배적 표준으로 선택받기 위해 치열하게 경쟁한다. 상식적으로 성능이 더 뛰어난 기술이 지배적 표준으로 선택될 가능성이 클 것이다. 그러나 반드시 그렇지만은 않다는 데 반전이 있다. 현재 컴퓨터 자판을 잘 들여다보면 영문 자판에서 자판의 왼쪽 위 배열이 새끼손가락부터 QWERTY 순서로 배치되어 있다. 이 자판 배열은 1800년대 타자기가 등장한 이래 사용되고 있다. 타자기는 자판을 두드릴 때 쇠막대 끝에 붙여놓은 알파벳이 종이를 때리는 방식으로 작동하는데, 연속해서 사용하는 알파벳이 붙어 있으면 쇠막대가 서로 엉키는 문제가 자주 생겼다. 이를 고려해 연속으로 사용하는 알파벳 자판을 가능하면 멀리 떨어뜨려 놓는 방식으로 알파벳을 배열한 결과가 QWERTY 자판이다. 타자기가 등장한 초기에 여러 형태의 자판 배열 형태가 경쟁한 결과, QWERTY가 지배적 표준으로 자리 잡았다. 1932년 이 지배적 표준에 도전장을 내민 새로운 자판 배열 기술이 등장했다. 오거스트 드보락August Dvorak이라는 발명가가 본인의 이름을 딴 DVORAK 자판 배열을 제안한 것이다. 알파벳

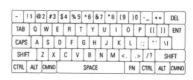

QWERTY와 DVORAK 자판기의 배열

모음을 왼손 중간 열에 배치하고, 많이 쓰는 T나 N 등을 오른손 중간 열에 배치하는 방식으로 손에 무리가 가지 않으면서도 빠르게 타자를 할 수 있는 방식이었다. 그러나 결과는 QWERTY의 승리로 끝났다.

DVORAK의 도전에도 QWERTY가 지배적 표준으로 자리를 굳건히 지킬 수 있었던 것은 여러 가지 이유가 언급되지만, 가장 중요한 요인으로는 전환비용switching cost이 컸기 때문이다. 1930년대만 하더라도 이미 사무실마다 수많은 타자수가 있었고, 이들은 모두 QWERTY 자판에 익숙해져 있는 상황인 터라 새로운 자판을 익히는 수고를 들이고 싶어 하지 않았다. 그뿐 아니라 당시 타자기를 생산하는 기업과 이들 기업에 각종 부품을 공급하는 수많은 업체까지도 QWERTY 자판의 설계를 기준으로 생산하고 있었기 때문에 자판 배열을 바꾸면 그 많은 기업들의 생산과정을 재설계해야 하는 부담이 생겼다. 그 때문에 DVORAK 자판 배열의 성능이 더 뛰어나다는 증거가 속속 제시되었음에도 다른 기술로 전환하기 위한 유무형의 비용 장벽을 넘어설 수 없었다. 그 덕분에 쇠막대끼리의 엉킴을 신경 쓸 필요가 없는 지금도 컴퓨터 자판 배열은 QWERTY로 남아 있고, 손가락을 많이 벌려야 할 뿐 아니라 왼손에 무리를 주기 때문에 손목터널증후군의 원인으로 지목되지만 여전히 지배적 표준으로 자리 잡고 있다.

이런 현상을 기술진화의 경로의존성path dependency이라고 하는데, 흔히 쓰는 패러다임이라는 개념으로 설명할 수 있다. 우연하게라도 특정 기술의 지배적 디자인이 자리를 잡고 나면, 그것이 일종의 패러다임을 형성한다. 기술과 관련된 여러 개발자와 기업이 이 패러다임을 공유하고, 기술 사용자도 어떻게 기술을 사용하는 것이 바람직한지에 대해 같은 인식을 공유한다. 심지어 그 기술이 효과를 발현하기 위한 사회적 인프라마저도 패러다임을 지지하는 방식으로 형성된다. 따라서 기술 발전은 대체로 이 패러다임을 더 강화하는 방식으로 일어나게 된다.

내연기관 자동차에 대한 전기차의 도전을 생각해보면 경로의존성의 의미를 잘 파악할 수 있다. 20세기 초 자동차의 표준을 두고 벌어진 전기차와 가솔린차의 대결에서 가솔린차를 대표하는 포드의 모델 T가 지배적 표준, 즉 자동차의 패러다임으로 자리 잡았고, 전기차는 뒷자리로 밀려났다. 그 후 가솔린엔진 생산과 관련된 부품 기업이 수없이 생겨났고, 이에 따라 더 효율적인 엔진을 더 싸고 빠르게 만들기 위한 노력이 계속 축적되어갔다. 사회적으로도 동네마다 주유소가 들어섰고, 원유에서 정제를 거쳐 휘발유를 주유소에 공급하기까지 긴 공급망 사슬이 글로벌 차원으로 형성되었다. 즉 가솔린 내연기관 자동차는 거대한 이해관계자의 망 안에 존재하는 하나의 패러다임이 된 것이다. 전기차는 1865년에 등장해서 20세기 초만 하더라도 매력적인 대안으로 인정받았다. 그러나 배터리 전기차 생산을 지원하기 위한 부품 기업의 숫자에서 가솔린차를 이길 수 없었고, 주유소가 무서운 속도로 확장되면서 전기차 충전소 인프라를 압도했다. 그 결과 20세기 내내 전기차는 지배적 표준의

1898년의 전기차 충전소

위치에 올라가지 못하고 대안 기술로 남았다. 21세기에 들어 친환경 기술에 대한 관심이 높아지면서 전기차의 비중이 빠르게 올라가고 있다. 이를 바탕으로 자동차 기술의 지배적 표준 위치를 차지하기 위해 애쓰고 있지만, 여전히 소비자의 인식과 사회 인프라 측면에서 전환비용을 넘어서지 못해 캐즘에 빠져 있는 양상을 보인다. QWERTY 자판이 DVORAK 자판의 도전에 대응해 굳건히 자리를 지켰던 사례에서 보듯이 전기차의 힘겨운 싸움은 기술 발전의 경로 의존성이 얼마나 견고한 것인지를 잘 보여준다.

인간의 생로병사에서 운 좋게 어떤 기회를 잡아 성공하기도 하고, 그 반대 상황도 흔히 일어나듯이 기술의 생로병사에서도 지배적 표준의 위치에 올라 큰 성공을 거두는 것은 성능만으로 결정되지 않는다. 운이 따라야 한다.

3
기술의 교체와
소멸하기까지

얼음왕의 등장과 퇴장

하나의 기술이 지배적 표준의 위치에 오르고, 공정혁신
이 축적되면서 제품 가격이 급속히 낮아지고, 따라서 많은
사람이 쓰게 되면 마침내 기술 개발자의 꿈이 이루어진 것
이다. 그러나 성공은 곧 소멸의 서막이기도 하다. 많은 사람
이 어떤 기술을 상식이라고 생각하는 순간부터 그 기술이
다 충족시켜 주지 못하는 새로운 수요가 고개를 내밀기 시
작한다. 이 수요를 충족시킬 목적으로 새로운 기술이 등장
하고, 한때 신기술이었던 기술은 이제 기존 기술로 불리면
서 역사의 뒷자리로 물러나게 된다. 이 자리바꿈의 과정이
이어달리기하듯 부드럽게 일어날 리가 없다. 밀려나는 기존

기술은 이미 당대의 패러다임이 되어 있고, 많은 이해관계자가 그물망처럼 얽혀 기존 기술을 떠받치고 있기 때문이다. 얼음왕Ice King의 몰락 과정이 이를 잘 보여준다.

1800년대 중반 미국의 프레더릭 튜더Frederic Tudor는 겨울에 미국의 북동부 뉴잉글랜드 지역에서 천연얼음을 채취해 미국 전역뿐 아니라 인도와 남미에까지 얼음을 보관 수송하는 사업을 시작했다. 당시 천연얼음을 1년 내내 녹지 않게 보관하고, 수송하기 위해 여러 신기술을 개발했다. 그 덕분에 오늘날 구글 정도의 규모에 비견할 수 있는 거대한 글로벌기업을 일구었으며 얼음왕이라는 별명까지 얻을 정도였다. 천연얼음을 기반으로 한 그의 얼음 산업 기술은 단연 지배적 표준이었다. 그러나 얼음의 주된 수요처였던 미국 남부 지역을 중심으로 비싼 천연얼음을 대신해서 인공적으로 얼음을 만들 수 없을까 하는 수요, 즉 최초의 질문이 등장했고, 인공얼음 기술의 초기 싹이 트기 시작했다. 처음에는 기술이 완벽하지 못해 얼음 속에 기포가 그대로 남아 있는 등 품질에 문제가 있었지만, 멀리서 비싼 값에 수송해 오는 천연얼음에 비해 '아쉽지만 쓸 만'했기에 수요가 조금씩 늘기 시작했다. 늘어나는 수요는 기술 개발의 동기를 자극

했고, 인공얼음 기술은 빠르게 스케일업 되기 시작했다. 그 때문에 천연얼음의 수요가 당연히 줄기 시작했고, 수십 년 간 무너질 것 같지 않던 얼음왕의 제국도 쇠퇴일로를 면치 못했다.

이런 상황에서 천연얼음 업계가 인공얼음 기술로 바로 전환했을 것 같지만, 실제로는 반대였다. 천연얼음 업계는 얼어붙은 호수에서 얼음을 더 효과적으로 자를 수 있는 증기톱 기술을 개발하거나, 얼음을 녹지 않게 보관하기 위한 보냉재 기술을 더 개선하는 등 기존 천연얼음 기술의 패러다임 내에서 기술 성능을 높이기 위해 최선을 다했다. 지금 시점에서 역사를 돌아보면 이상하게 여겨질지 모르지만, 그 당시 얼음왕 제국 내부에 있던 사람들의 입장에서 생각해보면 그 이유를 이해하는 것은 어렵지 않다. 천연얼음 업계에 있던 기술자와 의사결정자들에게 본인이 잘 알고 있는 기술을 포기하고, 새로운 인공얼음 기술을 배우려고 노력하는 것은 선택하기 어려운 옵션이었다. 기존 기술에서는 자기가 최고지만, 새로운 기술에서는 신참자가 되기 때문이다. 다시 말하자면 기존 패러다임의 경로의존성에 갇힌 것이다.

범선효과

이런 현상은 증기선 기술이 등장했을 때 범선 기술이 보여준 반응과 비슷하다. 오랫동안 유럽과 아메리카 대륙을 오가는 대서양 항해는 큰 돛을 단 범선이 지배했다. 수백 년간 지배적 표준 기술이었고, 공정혁신이 축적되면서 더 이상 개선할 점이 없다고 할 만큼 효과적인 범선이 대서양을 항해하고 있었다. 그러나 1800년대에 들어서면서 증기기관의 힘으로 가는 증기선이 등장하기 시작했고, 1838년에는 영국에서 뉴욕까지 15일 만에 대서양을 건너는 신기록을 작성했다. 그 당시 가장 빠른 범선으로 23일이 걸리던 것에

다섯 개의 돛을 단 범선 프로이센(1902)

비하면 획기적인 시간 단축이었다. 영국으로 돌아오는 시간은 더 놀라웠는데, 범선으로 평균 43일 걸리던 대서양 횡단을 증기선은 무려 14일 만에 주파해냈다. 증기선 기술의 스케일업이 빠르게 이루어지면서, 지배적 표준의 위치를 누리던 범선 기술은 퇴장을 준비해야 했다. 그러나 천연얼음 기술이 인공얼음 기술에 보였던 반응과 비슷하게, 범선 업계는 무려 다섯 개의 돛을 단 기묘한 범선인 프로이센Preussen을 선보였다.

프로이센은 소멸하는 범선 기술이 남긴 마지막 단말마의 비명 같은 것이다. 마차를 끄는 말의 수를 아무리 늘리더라도 자동차를 이길 수 없듯이 범선에 돛을 제아무리 많이 단들 증기선을 따라잡지 못하는 것은 너무 명백했다. 프로이센의 실패를 끝으로 범선은 박물관으로 사라졌다. 이를 본떠 범선효과sailship effect라는 말이 생겼는데, 이는 사라질 운명에 처한 기술이 새로운 기술의 등장에 맞서 기존 기술을 개선하고자 하는 효과 없는 노력을 일컫는다.

기술은 탄생하고, 성장하며, 성숙한 뒤 다음 세대의 신기술에 밀려 마지막 퇴장하기까지 하나의 생물 개체와 비슷한 생로병사의 과정을 겪는다. 생물은 죽고 나면 흙으로 돌아가 다른 생물 개체가 탄생하는 데 밑거름이 된다. 기술도 유사하게, 기존 기술은 신기술에 밀려 사라지지만 완전히 없어지지는 않는다. 기존 기술을 구성했던 많은 요소는 다른 신기술이 탄생하는 데 재료로 활용된다. 천연얼음을 보관하기 위해 사용되었던 많은 기술은 오늘날 저온 보냉 기술의 기초가 되었고, 범선을 구성한 배의 구조와 기본 설계 개념은 현대 조선 산업의 뿌리로 전수되었다. 기술은 죽어 사라지는 것이 아니라 후속 기술의 재료로서 그 영혼을 남긴다.

4

범용기술이 이끄는
사회 변화

사회를 변화시키는 범용기술

인간은 기술을 만들지만, 기술 또한 인간과 사회에 영향을 미친다. 기술과 사회의 관계를 생각할 때 중요한 개념 하나가 범용기술General Purpose Technology이다. 범용기술은 영어의 머리글자를 따 GPT라고 하기도 한다. 요즘 유행하는 생성형 인공지능의 대표 모델인 챗GPT에서도 GPT라는 단어를 쓰지만, 이때는 '생성형 사전 학습Generative Pre-Trained'이라는 뜻으로 쓰기 때문에 두 GPT는 다른 의미다.

범용기술은 기술 중에서 인간사회의 거의 모든 부문과 활동에 영향을 미치는 기술을 의미한다. 사회에 미치는 영향이 클 뿐 아니라 대체로 여러 개의 보완적 기술이 묶여 하나의 기술 분야로 등장하는 경우가 많다. 인터넷이 범용기술의 대표적인 예다. 영화를 예약하거나, 은행 거래를 하거나, 멀리 떨어진 사람과 화상으로 대화를 나눌 수 있는 것은 모두 인터넷 기술 덕분이다. 인터넷 덕분에 미국에서 설계도를 만들고 인도에서 생산하는 글로벌 분업이 가능해지고, 산골 오지의 사람이 한 번도 가본 적 없는 지역의 사람에게 직접 키운 버섯을 판매할 수 있게 되었다. 인터넷 기술이 없을 때와 비교해보면, 물건을 만들어 파는 일이나 사람과 소통하는 일뿐 아니라 교육하는 방법, 예술 작품을 만들고 전파하는 방법과 정부의 행정 업무 처리 과정까지 사회의 거의 모든 관행이 바뀐 것을 부인할 사람은 없다. 심지어 정치적 의사결정의 구조나 일상적 소유의 개념까지도 바뀌는 지경에 이르렀다. 따라서 인터넷 기술은 여러 기술 중 하나가 아니라, 그 파급효과 측면에서 사회의 여러 면을 동시다발적으로 바꾼다는 관점에서 명백히 범용기술이다.

산업혁명 이후로 범용기술은 평균적으로 50년 정도마다 하나씩 등장해왔다. 1800년대 초부터 증기기관이 범용기술로 등장했고, 뒤를 이어 전기 기술, 컨베이어벨트로 대표되는 대량생산 기술, 컴퓨터 기술, 인터넷 기술이 범용기술이었고, 가장 최근에는 인공지능 기술이 모든 사람이 인정하는 범용기술이라고 할 수 있다.

범용기술이 등장하면 처음에는 많은 사람이 새로운 세상이 열릴 것처럼 기대하지만, 얼마 지나지 않아 생각보다 그리 큰 효과가 없다는 것을 확인하면서 기대감이 낮아지고, 실망하는 시간이 온다. 그 후 몇몇 분야에서 실제 효과가 나타나는 기간을 거쳐 전 분야로 확대되고, 마침내 사회 전반에 기본적인 인프라로 자리 잡는 성숙기를 맞이하게 된다. 즉 범용기술 자체도 기술 확산과 비슷한 생애사를 겪는다.

피할 수 없는 생산성 역설

기술 확산에서 캐즘이 있듯이 범용기술에서도 생산성 역설productivity paradox, 즉 투자 대비 생산성 향상이 일어나지 않으면서 기술 확산이 주춤하는 캐즘과 같은 현상이 나타난다. 다시 말하자면, 새로운 범용기술이 등장하는 초기에는 범용기술 덕분에 모든 부문의 생산성이 올라가리라고 기대하지만, 상당한 기간 생산성이 높아지지 않는 현상, 즉 앞서 말한 기대가 꺼지는 현상을 보이는 기간이 있다. 예를 들어 범용기술로서 컴퓨터는 1970년대부터 사무실에 등장하기 시작했고, 1990년대까지 많은 기업이 컴퓨터라는 신기술을 도입하기 위해 대규모 투자를 쏟아부었다. 그러나 컴퓨터가 모습을 드러낸 후 20여 년 동안 그렇게 많이 투자했음에도 기업의 생산성이 기대만큼 올라가지 않았다.[2] 그 이유는 새롭게 등장한 컴퓨터라는 신기술에 대한 경험이 없어서 어떻게 쓰는 게 맞는지 잘 아는 사람이 없었기 때문이다. 예를 들어 컴퓨터를 갖췄어도 종이 장부를 쓰면서 손으로 기록하거나, 종이로 대면 결재하는 관행을 그대로 유지한다면 컴퓨터를 사는 데 돈만 썼을 뿐 효과를 보지 못하는 상황이 된다. 심지어는 익숙하지 않은 컴퓨터 때문에 업무처리에 시간이 더 걸려 생산성이 떨어지는 일도 생긴다. 그러나 시간이 지나 컴퓨터를 어떻게 활용하는 것이 좋은지 사람들에게 경험과 노하우가 쌓이고, 컴퓨터 시대에 맞게 조직을 바꾸고 업무 관행을 개선하고 나면 그제야 기대했던 생산성 향상 효과가 나타난다. 새로운 범용기술에 맞게 인간의 인식 구조와 사회적 관행을 조정하는 데 시간이 필요한 것이다.[3] 이 생산성 역설 현상은 모든 신기술에서 조금씩 나타나는 현상이지만, 특히 모든 사회적 관행에 영향을 미치는 범용기술의 경우에는 더 뚜렷하게 나타날 수 있다.

생성형 인공지능이라는 범용기술이 등장해서 세상이 바뀔 것이라고 하지만, 생산성 역설의 기간을 피할 수 없을 것이다. 다시 말하자면 인공지능을 인간사회가 어떤 방식으로 활용하는 것이 효과적인지 파악하면서 시행착오를 겪느라 생산성이 금방 올라가지 않는 시간이 반드시 있을 것임을 예상할 수 있다.

기술도 생물처럼
진화의 법칙이 있다

이제 기술진화의 이야기를 본격적으로 할 때가 되었다. 《종의 기원》이 그 출발이다. 흥미롭게도 생물진화의 이론이 알려지자마자 곧바로 기술도 생물처럼 진화한다는 생각이 싹텄다. 이제는 기술진화, 벤처생태계, 시장적합성 등 진화적 의미를 담은 단어들을 일상적으로 흔히 쓰고 있기도 하다. 아직 기술진화의 이론이 완벽하게 정립되지는 않았지만, 그동안의 연구를 통해 몇 가지 중요한 기술진화의 패턴은 알려져 있다. 이 장에서는 여섯 가지의 기술진화 법칙을 사례와 함께 살펴보고자 한다. 이 진화의 법칙들이 잘 작동한다면 신기술을 탄생시킬 가능성, 즉 진화 가능성이 커진다.

1
다윈의 비둘기

비둘기 사육에서 발견한 진화의 논리

1859년 찰스 다윈은 현대인의 생각을 바꿔놓은 기념비적인 저작으로 《종의 기원》을 출판했다. 우리나라에도 여러 판본의 번역본이 나와 있다. 그러나 이 책을 처음부터 끝까지 제대로 읽은 사람은 의외로 많지 않다. 대부분 처음 몇 장을 읽다가 포기하고 마는데, 그 결정적인 이유는 비둘기 때문이다. 《종의 기원》의 첫 장은 원예 이야기로 시작한다. 이러저러한 식물을 키우는 이야기를 하다가, 가축 키우는 이야기를 거쳐 결정적으로 비둘기 이야기를 시작한다. 캐리어Carrier, 쇼트페이스텀블러Short faced tumbler, 바브Barb, 파우터Pouter, 터빗Turbit, 자코뱅Jacobin, 트럼페터Trumpeter, 래퍼

Laugher 등 이름도 다양한 서로 다른 종류의 비둘기를 사육하는 이야기가 끝도 없이 계속된다. 대부분 독자는 이 단계에서 포기하게 된다. 그러나 잘 구분도 되지 않는 지루한 비둘기 이름들을 참아내면서 이 책을 찬찬히 읽다 보면, 다윈이 주장하는 생물진화 이론이 꼼꼼하고도 설득력 있게 제시되어 있는 데 감탄하게 된다.

다윈은 젊은 시절 갈라파고스섬을 방문했을 때부터 끝없이 펼쳐지는 생물 군상의 다양함에 경이를 느끼고 있었다. 이 다양한 생물이 어떻게 탄생한 것인지를 신의 섭리가 아니라 인간이 충분히 이해할 만한 논리로 설명할 수 없을까?

다양한 비둘기의 종류

그가 택한 설명 방법이 바로 비둘기 사육에서부터 시작하는 것이다. 원래는 하나의 비둘기 종이었겠지만 사육사들이 개입한 결과 수없이 다양한 비둘기가 생겨났다. 다윈은 비둘기 육종의 과정을 변이와 선택 그리고 전승이라는 논리적인 과정으로 요약했다. 쉽게 말하면, 사육사가 이러저러한 종들을 교배시켜 다양한 변이를 만들어내고, 그 가운데 원하는 특성을 가진 개체를 선택하고, 선택된 개체들이 비슷하게 생긴 자손을 낳도록 특성을 후대로 전승시키는 것이다. 이 과정을 반복하다 보면 다양한 특성을 가진 비둘기들의 변종을 만들어낼 수 있다.

인간이 짧은 시간에 그렇게 할 수 있다면, 장구한 시간과 지구만큼 넓은 실험공간을 가진 자연은 당연히 더 많은 변종을 만들어낼 수 있지 않을까. 수억 년 동안 수많은 변이가 생겨나고(변이), 그중 환경에 적합한 것들이 살아남으며(선택), 살아남은 것들이 생식을 통해 후대로 특성을 물려주는 과정(전승)이 사육 환경과 똑같이 이루어질 수 있다. 이것이 다윈의 생물진화 이론을 거칠게 요약한 것이다.

동물의 사육 과정과 같은 기술의 진화 과정

다윈에게 비둘기 사육장은 자연의 진화 논리를 파악하기 위한 축소된 실험장이었다. 그러나 기술의 진화 관점에서 보면, 다윈의 비둘기는 자연계의 생물보다는 오히려 인공적인 제품 혹은 기술에 가깝다고 할 수 있다. 즉 공중제비비둘기를 만들어낸 비둘기 사육사는 공중제비를 넘을 수 있는 비둘기라는 하나의 신기술 혹은 신제품을 만들어낸 것과 같다. 이 특이한 종을 만들어내는 과정이 바로 변이와 선택 그리고 전승이었던 것이다. 다윈은 다양한 비둘기를 만들어내는 과정에서 자연의 진화 논리로 넘어갔지만, 우리는 비둘기 진화 이야기에서 곧바로 기술진화의 논리를 읽어낼 수 있다. 비둘기 사육사를 기술자 혹은 기업가로, 비둘기를 기술로 치환해서 생각하면 된다. 비둘기 사육의 논리가 어렵지 않다면, 인간이 만들어낸 다양한 기술의 경이로운 세계를 이해하는 논리도 결코 어렵지 않을 것이다.

다윈의 진화 논리가 탁월했던 것은 전지전능한 그 어떤 존재를 상정하지 않고도 놀랍도록 단순한 논리적 과정을 거쳐 그 많은 다양한 생물상의 탄생을 설명할 수 있었기 때문이다. 신묘한 창의력을 갈구할 것이 아니라 변이-선택-

전승이라는 진화 논리를 충실히 따르기만 한다면, 그 누구라도 새로운 비둘기의 갈래를 만들어낼 수 있다. 기술도 마찬가지다. 에디슨과 아인슈타인, 잡스 같은 이해 불가의 천재적인 마인드를 가진 사람만이 놀라운 기술을 만들어낼 수 있는 것이 아니다. 기술진화의 논리를 잘 이해하고 따르기만 한다면 그 누구라도 아이폰 같은 탁월한 기술혁신의 결과물을 만들어낼 수 있다.《종의 기원》을 잇는 '기술의 기원'이 나온다면, 그 책의 핵심 메시지가 바로 이것이 될 것이다.

2
기술진화의
논리를 찾아서

기계 사이의 다윈

새뮤얼 버틀러Samuel Butler는 1863년 〈기계 사이의 다윈Darwin Among the Machines〉이라는 글을 발표했다. 그는 1859년 출판된 다윈의 《종의 기원》을 읽고 깊이 공감했고, 자신만의 생각을 더해 기계도 생물처럼 진화한다고 주장했다. 〈기계 사이의 다윈〉은 버틀러의 그런 생각을 일목요연하게 제시한 글이다. 그는 생각을 더 확장해서 기계가 마음을 가질 수 있다고 상상하고, 마침내 인간을 넘어선 기계와 인공지능에 의해 지배되는 어두운 디스토피아를 《에레혼Erewhon》(1872)[1]이라는 소설에서 생생하게 그려내기도 했다.

기술이 생물처럼 진화하는 것 같다는 생각은 낯선 것이

아니다. 버틀러 외에도 비슷한 생각을 표현했던 몇 사람의 이름만 들더라도 목록이 길다. 진화론의 열렬한 전도사를 자처했던 토머스 헉슬리Thomas Huxley, 아인슈타인의 상대성 이론에 결정적 영향을 미친 오스트리아 물리학자인 에른스트 마흐Ernst Mach, 교육학의 시조인 장 피아제Jean Piaget, 유명한 철학자인 칼 포퍼Karl Popper와 자크 모노Jacques Monod 등 많은 사람이 있다. 리처드 도킨스Richard Dawkins는《확장된 표현형The Extended Phenotype》[2]에서 밈meme이라는 개념을 제안하고 생물뿐 아니라 인간의 생각과 믿음도 생물처럼 진화한다고 주장했다. 기술은 인간의 생각을 표현한 대표적 결과물로서 밈의 일종이라고도 할 수 있고, 따라서 도킨스의 밈 이론으로도 기술진화를 설명할 수 있다. 조지 바살라George Basalla는《기술의 진화The Evolution of Technology》[3]를 썼고, 존 지만John Ziman은 여러 분야의 학자를 모아 거의 2년간의 토의를 거친 끝에《기술혁신의 진화적 과정Technological Innovation as an Evolutionar Process》[4]이란 책을 편집해 내놓기도 했다. 기술이 진화한다는 생각은 지난 150년 동안 잊히지 않고 계속 살아남았다.

필자의 연구실에서도 기술진화의 논리를 알아내기 위

한 연구를 오랫동안 계속하고 있고, 연구 결과를 발표한 논문들의 목록 일부는 책 마지막 부분에 실린 주석에서 찾아볼 수 있다.[5] 기술혁신이 잠잠하다가 폭발적으로 일어나는 단속적 평형punctuated equilbrium에 대한 연구나 기술 분화speciation, 굴절적응exaptation, 지배적 표준의 예측 등 기술진화와 관련된 여러 주제를 연구하면서 휴대전화, 자동차, 로봇, 소총, 탱크, 탄소포집 기술 등 여러 가지 제품과 기술에 대한 기술진화도도 그리고 있다. 예시로 오른쪽 상단 그림은 우리 연구실에서 간단한 머신러닝 기법을 활용해 1999년부터 2019년까지 한국 시장에 출시된 휴대전화 9,800개의 진화계통도를 그린 것이다. 또 다른 그림은 2000년 이후 전 세계 로봇산업계에 등장했던 산업용 로봇의 진화계통도를 그린 것이다. 이런 진화계통도를 계속 그리다 보면 마치 생물진화도와 유사한 패턴으로 새로운 종이 갈라져 나오고, 어떤 종은 사라지며, 또 다른 종은 많은 후속 모델의 모범이 되면서 중시조와 같은 역할을 하는 모습을 관찰할 수 있다.

기술진화와 생물진화는 참으로 닮은 점이 많다. 일단 무척 다양한 변종이 있고, 끊임없이 새로운 기술 혹은 변종 기술

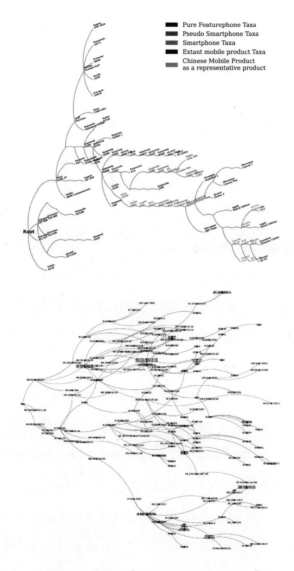

휴대전화의 진화계통도(위)[6]와 산업용 로봇의 진화계통도(아래)[7]

이 생기며, 기존 기술이 무대에서 사라지고, 부품 기술이 새로운 기술에 재활용되는 것 등이 그렇다. 따라서 일단 생물진화의 가장 기본적 논리인 변이-선택-전승의 논리는 그대로 적용된다고 할 수 있다. 혹자는 이것을 생물진화의 논리를 생물이 아닌 것에도 그대로 적용할 수 있다는 뜻에서 일반화된 다윈 이론Universal Darwinism이라고 부르기도 한다.

기술과 생물의 유사성

기술과 생물은 분명 연원이 다르지만 여러 가지 면에서 유사한 점이 많다. 일단 인간이 만든 그 어떤 제품이라도 분해해놓고 보면, 여러 부품이 모여 하나의 시스템을 구성하는 것을 알 수 있다. 마치 인체가 뇌, 심장, 간 등 각종 장기와 혈관, 신경망 등 복잡한 연결망으로 구성된 것과 같다. 자동차를 분해해 늘어놓은 각종 부품을 봐도 명확하게 드러난다. 게다가 부품 하나를 다시 뜯어 보면 그 안에 더 작은 부품들이 있다. 우리 몸의 심장도 다시 들여다보면 세포들이 보이고, 세포 속에 여러 기관이 복잡하게 들어 있는 것과 같다. 부품들 하나하나는 기술진화의 오랜 과정에서 다른 용도를 위해 만들어진 것들이 적응되어 결합된 것이다.

자동차를 구성하는 다양한 부품과 모듈

마치 생물진화의 그 어느 시점에선가 만들어진 고생물의 눈의 원형이 코끼리 눈을 만드는 데 부품처럼 차용되고, 오랜 시간을 거치면서 코끼리의 서식 환경에 맞게 진화된 것과 같다.

나는 가끔 기술진화 연구가 벽에 막힌 듯한 느낌이 들 때 자동차 와이어링 하네스wiring harness의 구조도를 들여다보곤 한다. 와이어링 하네스는 자동차에 필요한 전기를 구석구석 보내주는 전선 덩어리다. 이 구조도를 보면 대동맥이나 모세혈관처럼 크고 작은 혈관들이 얽히고설킨 것과 같은 느낌이 들지 않는가? 이렇게 정교하게 구부러지고 갈라

자동차의 와이어링 하네스 구조

지는 전체 구조는 도대체 누가 만든 것일까? 이 질문은 포유류의 복잡한 혈관 구조를 누가 만든 것이냐는 질문에 대한 해답만큼이나 명백하다. 와이어링 하네스의 구조를 만든 그 어떤 천재는 없다. 150년 전 자동차라는 기술의 종이 탄생하는 순간부터 조금씩 확장되었고 전기 및 전자, 제어 기술이 발달하는 데 맞추어 하나씩 추가되면서 결과적으로 복잡한 것처럼 보이게 되었다. 수천만 번의 시도와 시행착오, 선택이 있었고, 그 와중에 역시 수백만 명의 사람이 벽돌 한 장씩을 놓듯 조금씩 기여했을 뿐이다. 게다가 전선들은 오늘날 모든 제품에 들어가 있는데, 그 연결 구조는 가솔린차와 전기차가 다르고, 텔레비전과 커피머신, 비행기 등

제품마다 다 다르다. 마치 금붕어와 박쥐의 혈관 구조가 다르듯이.

　기술과 생물은 생태계를 구성한다는 측면에서도 유사하다. 꽃이 주변의 다른 식물을 포함해 벌과 나비 등 각종 생물과 복잡한 관계망을 형성하듯이 기술 또한 다른 기술과의 관계망 속에 존재한다. 휴대전화 기술만 하더라도 GPS Global Positioning System 신호를 관장하는 인공위성 기술, 구리를 채굴하고 가공하는 기술, 공급망 유지를 위해 없어서는 안 될 자동차나 컨테이너 선박 기술 등 수많은 기술과 복잡하게 얽혀 있다. 일종의 기술 생태계를 형성하고 있어 하나의 기술이 변화하면 이와 연결된 다른 기술들이 어떤 식으로든 영향을 받게 된다. 꿀벌의 수가 늘고 주는 데 따라 생태계의 연쇄 사슬을 타고 모든 동식물이 영향을 받듯이, 예를 들어 배터리 기술이 변화하면 전기차뿐 아니라 상상할 수 있는 모든 기술이 크고 작은 영향을 받는다. 기술 생태계는 인류가 돌도끼를 만든 이래 조금씩 확장되면서 복잡해져 왔다. 이 또한 생물과 유사한 특성이다.

기술진화의 변이-선택-전승 논리

기술은 내부에 부품 기술들을 중층적으로 포함하고 있고, 다른 기술과 생태계적 관계를 맺고 있는 등 생물과 유사한 특성이 있다. 이 외에도 둘 사이의 유사한 특성을 계속 열거할 수 있다.[8] 이런 유사성에 착안해 기술진화도 생물진화의 핵심 논리, 즉 변이-선택-전승의 논리를 유사하게 따른다는 생각을 자연스럽게 할 수 있다. 즉 많은 대안적 기술이 나타나고(변이), 그중에 공학적 성능이나 사용자의 서비스 특성에 대한 선호 등 몇 가지 기준에 비추어 좋은 것을 선택하게 된다(선택). 선택된 것들의 핵심적인 설계 개념은 다음 버전의 기술을 만드는 데 기초로서 역할을 한다(전승).

다윈의 《종의 기원》은 비둘기를 사육하는 이야기로 시작해서 자연선택 이론으로 이어진다. 즉 사육사가 비둘기를 진화시키는 과정을 관찰하면서 변이-선택-전승의 이론을 확인하고, 이 사육사의 보이는 손을 자연의 보이지 않는 손으로 대체한 것이다. 자연의 보이지 않는 손, 즉 묵시적인 진화 압력은 눈에 보이는 변화를 만들어내는 데 시간이 너무 오래 걸려 관찰하기 어렵지만 사육사의 보이는 손, 즉 인간의 명시적인 행위는 짧은 시간에 관찰할 수 있다는 장점이 있다. 다시 다윈의 비둘기 사육사 이야기로 돌아가, 사육된 비둘기를 기술로 대체해보면 다윈의 진화 논리가 기술에도 쉽게 적용된다는 것을 알 수 있다.

이러한 진화의 논리를 따라가 보면, 기술진화의 몇 가지 특정한 패턴을 발견하게 되고 대표적으로 다음과 같은 여섯 가지 법칙을 식별할 수 있다. 조합진화, 굴절적응, 스몰베팅, 시행착오의 축적, 선적응pre-adaptation과 분화 그리고 생태계와 공진화가 그것이다. 이 진화의 법칙을 잘 생각해보면, 혁신적 기술을 만들어내는 방법을 짐작할 수 있다. 나아가 이들을 종합해 진화 가능성evolvobility이 높은 조직과 환경이 무엇인지 이해할 수 있다.

3
기술진화의 법칙 1:
조합진화

조합의 무궁한 가능성

조합은 새로운 창발의 가장 중요한 원리다. 조합의 힘은 아미노산으로 인체의 기본 물질인 단백질을 만드는 과정을 봐도 쉽게 알 수 있다. 인체에는 20종의 아미노산이 있는데, 이것들이 서로 조합되면서 갖가지 단백질을 만든다. 모양과 색깔이 다른 20종의 레고 블록이 20개의 통에 각각 한 가득씩 들어 있는 것과 같다. 이 조합의 방법은 간단하다. 먼저 첫 번째 자리에 20개 아미노산 중 하나를 가져다 놓는다. 그리고 두 번째 자리에 다시 20개 아미노산 중 또 하나를 골라서 놓는다. 첫 번째와 같은 종류의 아미노산을 가져다 놓아도 문제가 없다. 그렇다면 20종의 다양한 아미노산이 300개 정도 연결되어 만들어지는 평균적인 크기의 단백질 종류는 몇 가지나 될까? 300개의 자리마다 20종의 아미노산 중 하나를 가져다 놓을 수 있으니 20의 300승만큼 경우의 수가 존재할 것이다. 이 값이 얼마나 큰지 감을 잡으려면 우주에 존재하는 원자의 숫자가 10의 82승 정도라는 것을 떠올리면 된다. 300개의 아미노산 연결로 만들 수 있는 조합이 그렇게나 많지만, 진화적으로 그중에 잘 작동하는 10만 개 남짓의 조합만이 유용한 단백질로 선별되어 인간이라는 복잡한 생물체를 구성하는 것은 경이로운 일이다.

조합의 논리를 적용하면 이처럼 아주 단순한 몇 가지 재료만으로도 무궁무진한 수의 새로운 것을 만들어낼 수 있다. 우리가 쓰는 언어도 마찬가지다. 영어의 알파벳 가짓수도 26개에 불과하다. 이것들은 앞서 말한 생물에서의 아미노산처럼 언어의 기초적인 재료가 된다. 이것들을 서로 조합하면 무수히 많은 영어 단어를 만들어낼 수 있는데, 현재 옥스퍼드 영어사전에 실려 있는 표제어 숫자만 해도 60만 개가 넘고, 글로벌 랭귀지 모니터Global Language Monitor(GLM)가 식별한 단어 수는 무려 100만 개가 넘는 것으로 알려져 있다. 이 단어 100만 개를 이리저리 조합하면 문장이 되고,

문장들을 조합하면 책이 된다. 그렇다면 고유한 책의 숫자는 도대체 얼마나 될까? 사실상 무한하다.

기술도 마찬가지다. 기존의 기술들을 새롭게 조합함으로써 무수히 많은 새로운 기술을 만들어낼 수 있다. 무거운 항공기를 날게 하는 제트엔진도 압축기, 연소기, 터빈이라는 세 가지 핵심적인 기술이 조합되어 만들어진 것이다. 물론 이 세 가지 기술은 기존에 다른 곳에서 쓰이고 있던 것이다. 아이폰을 대표하는 앱 생태계의 원형은 2003년에 발표된 애플의 아이튠스iTunes에서 시작된 것이다. 자기가 듣고 싶은 노래만 골라서 다운로드 받고 들고 다니는 기기에서 들을 수 있으면 좋지 않을까 하는 이 혁신적인 아이튠스의 비즈니스모델도 알고 보면, MP3라는 기술과 음원 콘텐츠 다운로드 사이트인 냅스터Napster의 비즈니스모델을 조합해서 탄생한 것이다. 안타깝지만, MP3 기술을 사람들이 들고 다닐 수 있도록 만든 MP3 기기의 원조는 한국의 아이리버IRIVER라는 기업이 만든 제품이었다. 스티브 잡스를 비난하는 사람들 가운데 그가 다른 사람의 아이디어를 잘 훔친다는 표현을 쓰기도 하는데, 사실이다. 혁신가는 모든 것을 훔치되, 단 새롭게 조합한다.

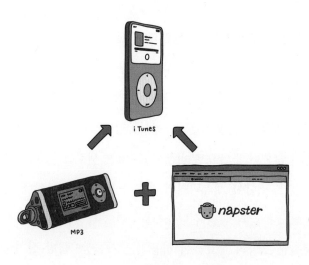

MP3 기술과 냅스터의 조합으로 만들어진 애플의 아이튠스

　　우리가 처음 접하는 혁신적인 신기술도 조금만 원천을 조사해보면 모두 기존에 있던 기술들을 새롭게 조합한 것임을 금방 알 수 있다. 지금도 전 세계의 수많은 실험실과 기업에서 새로운 조합이 만들어지고 있다. 그러나 그중에 선택되는 것은 소수에 불과하다. 그 소수의 성공적으로 작동하는 조합의 결과물을 우리는 혁신적인 신기술로 칭송하는 것이다. 마치 수많은 아미노산의 조합은 우주의 원자 수보다 더 많을 수 있지만 인체 내에서 제대로 작동하는 단백질은 10만여 개에 불과한 것처럼.

조합의 재료는 진화 가능성의 제약 조건

조합이 새로움을 만들어내는 가장 중요한 원리이지만, 다른 한편으로 보면 조합은 진화의 가능성을 제한하기도 한다. 돌도끼 정도를 만드는 원시문명에서는 조합의 재료가 많지 않으니 조합으로 탄생할 수 있는 새로운 기술도 보잘것없다. 조합이 계속되면서 재료가 늘어나면, 조합해볼 가능성도 조금씩 더 커진다. 그래서 한 시대에는 그 시대까지 축적된 조합의 재료들이 허용하는 가능성만큼만 신기술을 만들어낼 수 있다. 단적으로 로마시대에는 휴대전화가 탄생할 수 없다. 로마제국 전체를 다 뒤져 탁월하다는 당대의 천재들을 모아놓았다고 하더라도 전파나 반도체 기술이라는 조합의 재료 없이는 휴대전화를 만드는 것 자체가 불가능하기 때문이다. 다른 말로 하면 혁신적 기술의 탄생 여부는 주변에서 어떤 재료를 활용할 수 있는지에 따라 좌우된다.

아이작 뉴턴Isaac Newton의 만유인력의 법칙을 보고 왜 하필이면 17세기 유럽이라는 곳에서 이 법칙이 탄생했는지 의문이 든다면, 조합진화의 논리를 떠올려보면 이해하는 데 도움이 된다. 뉴턴의 만유인력의 법칙은 요하네스 케플러 Johannes Kepler의 행성 운동 법칙, 갈릴레오 갈릴레이Galileo

Galilei의 물체의 운동에 대한 이론, 로버트 훅Robert Hooke의 탄성 법칙, 튀코 브라헤Tycho Brahe의 천문관측 기록, 그리고 르네 데카르트René Descartes의 기하학적 사고방식이 조합된 것이다. 이 레고 블록들이 없었다면, 만유인력의 법칙은 이런 재료들이 채워질 때까지 수백 년을 더 기다렸을지도 모른다. 17세기 유럽에는 이런 재료들이 주변에 널려 있었고, 반대로 당시 유럽 밖에서는 이런 재료들의 존재를 알지 못했다. 그래서 하필 그 시점에 유럽에서 뉴턴의 만유인력이 등장할 수 있었던 것이다.

그런데 다른 한편으로 보면 뉴턴의 시대에는 200년 뒤에 나올 제임스 맥스웰James Maxwell의 전자기이론, 헨드릭 로런츠Hendrik Lorentz의 로런츠변환 이론, 앙리 푸앵카레Henri Poincaré의 수학적 논의, 에른스트 마하Ernst Mach의 마하 원리, 그리고 결정적으로 다비트 힐베르트David Hilbert와 베른하르트 리만Bernhard Riemann의 곡률 수학 이론이라는 재료가 없었다. 즉 뉴턴의 창의력은 뉴턴 시대까지 존재하던 재료의 종류에 제약되어 있었던 것이다. 반면 이런 새로운 개념들을 조합의 재료로 이용할 수 있었던 후대의 아인슈타인은 뉴턴의 만유인력의 법칙에 이러한 새로운 재료들을 버무려 뉴턴의 이론에서 한발 더 나아간 상대성이론을 만들어낼 수 있었다. 기술의 진화에 도약은 없다.

기술진화를 논의할 때 기초가 되는 그 유명한 다윈의 진화론(1859)도 마찬가지다. 다윈의 이론은 토머스 맬서스Thomas Malthus의 인구론, 조르주 퀴비에Georges Cuvier의 화석 연구, 장 바티스트 라마르크Jean Baptiste Lamarck의 진화 이론, 찰스 라이엘Charles Lyell의 지질학 이론과 존 헨슬로John Henslow의 식물학 연구를 조합한 것이다. 그러나 다윈 뒤에 나올 그레고어 멘델Gregor Mendel의 유전법칙(1865)과 왓슨과 크릭의 DNA 발견(1953)이라는 재료가 없었기 때문에 유전체 개념에 근거한 종합적 진화 이론에는 이르지 못했다.

과학적 발견뿐 아니라 제품 기술에서도 마찬가지 제약이 존재한다. 2005년 설립된 유튜브는 네트워킹 기술에 검색 알고리즘 기술, 동영상 호스팅 및 스트리밍 기술, 소셜네트워크 및 사용자 생성 콘텐츠 모델, 광고 기반 수익모델 등 기존에 이미 존재하고 있던 기술과 비즈니스모델을 기가 막히게 조합한 것이다. 그러나 결정적으로 네트워크 속도가 빠르지 않았고, 플래시처럼 동영상 재생에 특화된 기술이 당시까지 개발되지 않아 주목받지 못했다. 심지어 잠재력을 높이 평가한 구글이 2006년 16억 5000만 달러, 현재 한화로 약 2조 3000억 원에 인수한 후에도 2009년까지 매년 평균 4억 5000만 달러 정도의 적자를 보면서 보완적인 기술들, 즉 조합의 재료를 개발하면서 스케일업을 버텨야 했을 정도였다. 그 후 스트리밍 인프라와 관련 기술이 급속하게 발전하면서 지금 우리가 보고 있는 유튜브의 시대가 열린 것이다.

조합진화와 동시 발견

신기술이 조합으로 탄생하는 것이기에 관찰되는 흥미로운 현상이 동시 발견이다. 백열전구가 에디슨 이외에 동시대의 발명가 스물다섯 명에 의해 동시 발명된 것은 잘 알려진 이야기다. 이 외에도 전자기유도의 법칙은 마이클 패러데이Michael Faraday와 조지프 헨리Joseph Henry가 동시에 발견했고, 미분과 적분도 뉴턴과 고트프리트 라이프니츠Gottfried Leibniz가 동시 발명했다. 심지어 DNA의 이중나선 구조도 왓슨과 크릭이 발견한 것으로 알려져 있지만, 사실상 같은 시기에 비슷한 연구를 하던 로절린드 프랭클린Rosalind Franklin이 좀 더 일찍 발견한 것으로 봐야 한다는 설득력 있는 주장이 있다. 천재적 발명 혹은 발견이라는 그 귀한 신기

뉴턴　　　　　　　　라이프니츠

미적분의 발명자 자리를 놓고 싸웠던 뉴턴과 라이프니츠

술을 어떻게 이렇게 동시에 여러 사람이 생각해낼 수 있단 말인가. 그 비밀은 바로 조합진화에 있다. 즉 그 시점에 이용 가능한 조합의 재료들이 새로운 조합의 시도를 기다리고 있었고, 여러 발명자들이 운 좋게, 혹은 우연하게도 동시에 찾아낸 것이다. 발명자 입장에서 이야기하자면 재료들은 있었고, 다만 남들보다 더 많은 조합을 시도해본 덕분에 탁월한 조합을 찾아낼 수 있었던 것이다.

　조합진화의 이야기가 신기술을 꿈꾸는 사람들에게 주는 시사점은 명확하다. 기막힌 신기술을 만들고 싶다면 천재적 영감이 찾아오기를 기다리기보다 무엇보다 탁월한 조합의 재료를 찾으려고 노력해야 하고, 그 재료들로 가능한 한 많은 조합을 시도해보는 것이 중요하다.

4
기술진화의 법칙 2:
굴절적응

엔비디아의 성공은 굴절적응의 결과

화석 기록에 따르면 박쥐의 날개는 조상대에 나무 사이를 건너뛰는 정도의 용도였으나 나중에는 능동적으로 비행하는 기관으로 진화했다. 조류의 깃털도 처음에는 체온을 유지할 용도로 발달했으나 나중에 비행하는 데 가장 요긴한 기관이 되었다. 생물의 진화 과정에는 이처럼 A 목적으로 발달을 시작했으나 결국 B 목적으로 쓰이게 된 사례가 많다. 이를 굴절적응Exaptation이라고 한다.

기술의 세계에도 이런 굴절적응의 사례는 아주 흔하다. 2020년 코로나19 팬데믹이 막 시작되고 나서 의료계가 치료제를 찾지 못해 헤매고 있을 때, 하이드록시클로로퀸

Hydroxychloroquine이나 렘데시비르Remdesivir가 치료제의 대안으로 갑자기 등장했다. 그러나 하이드록시클로로퀸은 원래 말라리아나 류머티즘성관절염 등 자가면역질환에 대한 치료제로 오래전부터 쓰이던 약이었고, 렘데시비르는 에볼라바이러스 같은 RNA 바이러스 감염을 치료하기 위해 개발된 항바이러스 약이었다. 특히 렘데시비르는 당시 트럼프 대통령에게 투여되어 세계적으로 널리 알려지기도 했다. 이는 다른 목적으로 쓰이고 있던 약을 코로나 치료제로 그 목적을 전환해서 쓴 것으로 굴절적응의 전형적인 사례다. 요즘 거대 제약회사에서는 아예 이 굴절적응을 약물 재창출 drug repurposing이라는 공식적인 신약 개발의 전략으로 채택하고 있기도 하다.

최근 생성형 인공지능의 시대를 맞이해 가장 각광받는 엔비디아NVIDIA의 GPU Graphic Processing Unit도 마찬가지다. 엔비디아는 1997년 리바128 RIVA 128이라는 그래픽 정보처리용 칩을 만들었다. CPU보다 기능이 단순하면서 오로지 게임의 그래픽 정보를 빨리 처리하기 위한 용도로 특화된 일종의 연산용 칩이었다. 이 그래픽 칩을 판매하면서 성능을 조금씩 개선했고, 2010년에는 성능이 상당히 개선된 GTX 580이라는 그래픽 카드를 내놓았다. 그런데 예상과 전혀 다른 용도로 활용되는 결정적인 계기가 2012년 이미지넷ImageNet 대회에 출전한 제프리 힌턴Geoffrey Hinton 교수 팀의 제안으로 찾아왔다. 힌턴 팀에서 딥러닝을 기반으로 한 알고리즘으로 대회를 준비하던 중 팀원이었던 박사과정 학생 알렉스 크리체프스키Alex Krizhevsky가 딥러닝에 필요한 계산을 빠르게 하기 위해 엔비디아의 그래픽 카드인 GTX 580을 사용하자고 제안했다. 힌턴은 그의 제안을 받아들이고, 팀의 인공지능 모델을 제자 이름을 따서 '알렉스넷AlexNet'이라고 이름 붙였다. 대회에 출전한 결과, 2위 팀과 10퍼센트 이상 차이가 나는 뛰어난 정확도를 보이면서 우승했고, 딥러닝 시대의 개막을 알렸다.[9] 바로 이때부터 엔비디아의 GPU는 피시방의 게임용 컴퓨터 뒤에서 그래픽 정보나 처리해주던 단순한 장치 역할을 넘어 인공지능 시대의 가장 중요한 물리적 인프라로 떠올랐다. 엔비디아의 사례는 혁신적 신기술이란 대체로 다른 곳에서 쓰이던 기술을 새로운 문제 환경에 적용하면서 탄생하는 것임을 잘 알려준다.

이런 사례는 차고 넘친다. 카메라 기술로 세계를 석권했던 캐논Canon도 마찬가지다. 캐논은 1930년대부터 빛을 다루는 핵심 기술, 즉 렌즈와 카메라, 레이저 등의 기술을 보유하고 있었다. 2000년대에 들어서면서 컴퓨터 기반 기술이 본격적으로 확산되는 시점을 계기로 기존에 가지고 있던 광학 기술을 복사기, 프린터 등 다른 분야에 적용하기 시작했고, 최근에는 가상현실VR과 증강현실AR 기술에서도 존재감을 높이고 있다. 모든 운전자의 눈앞에서 길을 가르쳐주는 역할을 맡고 있는 GPS도 1957년 당시 소련의 인공위성 스푸트니크가 지구 궤도상의 어디에 있는지를 파악하기위한 용도로 개발된 것이다. 따지고 보면 인터넷도 군사용으로 통신보안과 재난 대비용으로 구축한 컴퓨터 간 네트워크가 시초였다.

지금 우리 눈에 보이는 혁신적 기술은 대부분 이처럼 이전에 다른 목적으로 쓰이던 것이 굴절적응으로 다른 곳에 쓰이게 된 것, 혹은 용도가 재발견된 것이 많다.

굴절적응의 잠재력은 인접 가능성에 좌우된다

굴절적응과 관련해서는 스튜어트 카우프만Stuart Kauffman이 제시한 인접 가능성adjacent possible이라는 개념이 중요하다.[10] 하나의 목적으로 개발된 기술이 있을 때 주변에 많은 다른 활용처가 널려 있다면, 인접 가능성이 높다고 한다. 즉 인접 가능성이 높은 곳이 굴절적응의 가능성이 큰 곳이다. 실리콘밸리에서 기막힌 기술이 끊임없이 탄생하는 것도 같은 기술이라 하더라도 클러스터 내에서는 생각지도 못한 곳에 쓰일 기회를 많이 발견할 수 있기 때문이다. 다른 말로 하면 실리콘밸리는 인접 가능성이 큰 곳이다.

중세시대로 돌아가 보면 도시와 마을은 극히 고립되어 있어 정보 유통이 단절되어 있었다. 그렇기 때문에 한 곳에서 만들어진 기술은 그곳에서 원래의 목적대로 여러 대에 걸쳐 그대로 사용될 뿐 다른 곳에 활용될 가능성이 거의 없었다. 즉 인접 가능성이 작았던 것이다. 중세시대에 기술 발전의 속도가 느렸던 것은 바로 이 때문이다.

준비된 자에게만 찾아오는 운

엔비디아 GPU의 굴절적응 이야기를 곰곰이 생각해보면, 엔비디아 창업자이자 현재 CEO인 젠슨 황Jensen Huang의 입장에서는 예상하지 못했던 엄청난 운이 찾아온 이야기로 도 볼 수 있지 않을까? 오죽했으면 젠슨 황이 컨퍼런스에서 여러 차례 알렉스 크리체프스키 덕분에 성공하게 되어서 고맙다고 공개적으로 감사를 표하겠는가. 이처럼 탁월한 기술의 탄생 역사를 더듬어 가보면 A를 위해서 시작했다가 '운 좋게' B라는 곳에 쓰이면서 대박이 났다는 스토리가 아주 흔하다.

3M이 만든 포스트잇도 마찬가지다. 1968년 3M의 스펜서 실버Spencer Silver 박사가 쉽게 떨어지는 접착제를 만들었는데, 회사 내에서는 쓸모가 없다는 반응을 보였다. 실버 박사는 수년간 자신의 접착제가 이러저러한 용도에 쓰일 수 있다고 설득하고 다녔지만 소용이 없었다. 그러던 중 굴절적응의 행운이 찾아왔다. 1974년 실버 박사의 사내 세미나를 듣고 있던 아트 프라이Art Fry가 교회 성가대 활동을 하면서 악보 사이에 끼워둔 종이가 번번이 빠져 애를 먹었던 기억을 떠올렸다. 악보에 붙였다가 떼도 표시가 남지 않고 잘 떨어지는 접착제라는 기술이 포스트잇이라는 이름을 달고 전대미문의 성공으로 가는 순간이었다.

굴절적응의 진화 논리는 그런 뜻에서 '운'에 관한 이야기이기도 하다. 기술혁신의 과정을 살펴보다 보면 자주 듣게 되는 세렌디피티serendipity, 즉 '우연한 행운'이라는 말이 뜻하는 것과 같다. GPU나 포스트잇에서 보았던 그 행운의 손길을 만나지 못해 사라져 간 기술이 부지기수일 것이다. 그렇다면 기술의 진화는 결국 운일까? 한마디로 답하자면 결코 그렇지 않다. 운도 준비된 사람에게 찾아오는 법이다.

GPU가 성능을 높여가던 2000년대 초반, 젠슨 황은 엉뚱하게도 생물학 실험실에서 그래픽 처리용으로 만든 자신의 GPU로 계산을 대신하고 있다는 사례를 접한다. 그는 이처럼 생각지도 못한 분야에서 자신의 기술을 사용하는 것을 보고, 2006년에 더 많은 사람이 다양한 목적으로 GPU를 쓸 수 있도록 CUDAComputer Unified Device Architecture라는 프로그램을 만들어 배포한다. CUDA를 이용하면 각 응용 분야의 개발자가 자신들의 용도에 맞게 GPU를 쓸 수 있도록 프로그래밍할 수 있다. 이때부터 GPU는 GPGPUGeneral Purpose GPU라는 이름을 갖게 되는데, GPU를 여러 용도로 쓸 수 있다는 뜻이고, 이를 가능하게 하는 것이 CUDA다. CUDA라는 인터페이스가 생기자 수많은 곳에서 GPU를 가져다 자신들의 용도에 맞게 쓰기 시작했고, 인공지능을 연구하던 알렉스도 그중의 한 사람이었다. 지금은 CUDA 프로그램에 익숙한 사람이 너무 많아져서 인공지능으로 뭔가를 하고자 하는 사람은 엔비디아가 아닌 다른 회사의 GPU를 쓰기가 어려운 상태, 즉 고착된 상태가 되었다. 오늘날 GPU 기술에서 엔비디아가 사실상 독점적 위치를 누리고 있는 이유도 바로 이 CUDA 생태계의 고착 효과 때문이다. 여기서 중요한 것은 만약 젠슨 황이 GPU가 더 많은 응용 분야에서 쓰일 수 있도록 CUDA라는 개발 툴을 만드는 노력을 하지 않았다면, 알렉스가 GPU를 쓰는 일은 없었을지 모른다. 운이 젠슨 황을 찾아간 게 아니라 젠슨 황이 길을 포장해 운이 걸어들어 올 수 있도록 유도한 것이다.

마찬가지로 포스트잇을 만든 스펜서 실버도 그냥 손 놓고 있었던 것이 아니라 수년간 이런저런 세미나를 열어가며 자기 기술을 써줄 응용 분야를 찾기 위해 노력했다. 역시 운은 준비하고 노력하는 자에게 찾아온다.

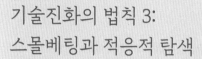

5
기술진화의 법칙 3:
스몰베팅과 적응적 탐색

자연은 도약하지 않는다

약 38억 년 전 지구의 초기 환경에서 자기복제와 대사활동이 가능한, 아주 단순한 원시 생명체가 출현했다. 그 후 광합성을 할 수 있는 박테리아(30억 년 전)와 진핵생물(20억 년 전)을 거쳐 다세포생물(10억 년 전), 척추동물(5억 년 전), 포유류(2억 년 전)를 지나 약 600만 년 전 인류의 조상이 모습을 드러냈다. 이렇듯 생명의 구조가 조금씩 복잡해지는 진화의 과정은 마치 복잡성의 사다리를 한 칸 한 칸 타고 올라가는 모습처럼 보인다. 진화학자들이 주장하듯 이 진화의 시계를 38억 년 전으로 되돌려 한 번 더 리플레이 한다고 하더라도 인류의 조상이 오늘 우리가 알고 있는 모습으로 등장하지는 않을 것이다. 진화는 우연에 우연이 겹치는 과정이고, 환경과 함께 영향을 주고받으면서 복잡한 상호 관계 속에서 일어나는 것이기 때문이다. 그러나 세부적인 생물의 모습은 다르겠지만, 점차 다양해지고 복잡해지는 경향성만은 변하지 않을 것이다. 중요한 질문은 이것이다. 박테리아에서 진핵생물로 나아가는 것처럼 진화는 왜 항상 계단을 한 칸씩 밟듯 올라가는 것일까? 박테리아에서 곧바로 포유류가 출현할 수는 없었을까? 그럴 수 없다는 것이 생물진화의 정설이다. 지도 없는 미지의 땅을 탐험하듯 한 걸음 앞에 다음 걸음이 놓이는 촘촘한 변이의 연속이 전부다. 중간 단계를 생략하고 처음과 끝을 붙여놓으면 엄청난 변이가 있는 것처럼 보일 따름이지 사실 축지법은 없다.

다윈은 《종의 기원》에서 "자연은 도약하지 않는다 Naturanon facit saltum"라는 당시 박물학자들에게는 익숙한 유명한 말을 인용했다. 진화의 과정은 한 번에 한 걸음씩 나가는 과정이지 축지법을 쓰듯 단번에 건너뛰지 않는다는 뜻이다. 기술도 마찬가지다. 기술진화에 도약은 없다. 그 이유는 새로운 기술은 기존 기술을 바탕으로 알지 못하는 새로운 해법을 찾아가는 탐험의 과정, 혹은 높이를 알 수 없는

산을 눈을 감고 올라가는 과정과 같기 때문이다. 그래서 돌도끼에서 인공위성으로 바로 건너뛸 수는 없다. 최초의 '트랜지스터'도 '진공관'을 대체할 수 없을까 하는 단순한 목적으로 만들어진 것이다. 트랜지스터의 원리를 살리면서 여러 개를 하나의 기판 위에 올릴 수 있지 않을까 하는 생각이 '집적회로'를 탄생시켰다. 집적회로가 있고 나서야 여기에 논리구조를 결합하면 프로그램대로 명령을 수행할 수 있겠다는 생각이 자연스럽게 들었고, 이 생각을 담은 '마이크로프로세서CPU'가 1971년 모습을 드러냈다. 그 이후 수백억 개의 트랜지스터가 집적된 휴대전화 안의 '애플리케이션프로세서AP'까지 컴퓨터 칩의 발전 과정은 우리가 아는 바와 같다. 트랜지스터라는 개념이 등장한 순간부터 마이크로프로세서가 등장하기까지의 과정은 한 계단씩 밟아가는 변화의 연속이다. 이 한 계단씩을 올라가기 위한 기술 개발 노력을 스몰베팅small betting이라고 한다.

눈을 감고 산을 올라가야 한다면 간단한 주먹구구식 규칙, 즉 휴리스틱heuristic을 쓰면 된다. 지금 있는 자리에서 동서남북으로 한 걸음씩 가보고 높이가 가장 높은 쪽으로 한 걸음 움직이는 것이다. 이 과정을 반복하다 보면 어느새 꼭 대기에 이를 수 있다. 스몰베팅 전략은 이와 같이 한 번에 조금씩 움직이면서 적응하며 진화해나가는 과정을 의미한다. 현재 주어진 조합 가능한 기술의 재료들을 바탕으로 이러저러한 시도를 해보는 것이 한발 앞 주변을 탐색하는 과정에 해당하고, 그나마 가장 잘 작동하는 기술을 선택하는 것이 고도가 높아지는 방향을 선택해 한 걸음 진전하는 과정이다.

근시안의, 그러나 지치지 않는 시계공

눈먼 시계공blind watchmaker은 다윈보다 한 세기 전에 살았던 성공회 신부 윌리엄 페일리William Paley의 '시계공' 비유를 패러디해서 리처드 도킨스Richard Dawkins가 만든 말이다.[11] 페일리는 시계의 복잡한 구조를 보면 어떤 목적을 가지고 설계한 시계공을 떠올릴 수밖에 없다는 이야기를 했다. 이에 반해 도킨스는 눈먼 시계공이라는 비유를 통해 탁월한 설계자가 아니더라도 오랜 시간 조금씩 부품을 추가하고 기능을 고치다 보면 복잡한 시계가 탄생할 수 있다고 주장했다. 기술진화의 과정으로 돌아와 생각해보면, 눈먼 시계공의 비유는 적절하지 않다. 신기술을 만드는 사람이

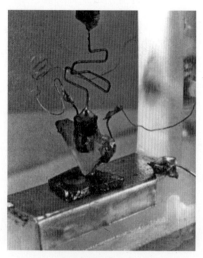

최초의 점접촉 트랜지스터(1948)

새로운 기술을 개발할 때 눈을 감고 랜덤하게 시도하는 것이 아니기 때문이다. 미래의 해답을 다 알 수 없으니 한 발 앞 정도만 보고 시도한다는 뜻에서 근시안적 시계공myopic watchmaker이라는 비유가 더 적절하다. 최초로 점접촉 트랜지스터를 만들었던 세 사람, 존 바딘John Bardeen, 윌리엄 쇼클리William Shockley, 월터 브래튼Walter Brattain도 노벨상을 받을 만큼 분명 천재들이었지만, 진공관을 대체하는 좀 더 나은 시스템을 만드는 정도의 시야만 있었을 뿐, 1000억 개가 넘는 트랜지스터가 집적된 최신 반도체칩을 상상할 수는 없었던 근시안적 천재였다.

스몰베팅은 생물뿐 아니라 기술의 진화가 일어나는 가장 기본적인 논리다. 스몰베팅으로 한 칸씩밖에 나갈 수 없는 것은 인간이 미래의 모든 가능성을 다 알 수 있는 전지전능한 존재가 아니기 때문이다. 마치 개미가 미로를 탐색하듯이 나갈 수밖에 없다. 황새의 넓은 보폭이 아니라 뱁새의 잔걸음이, 천 리를 내다보는 독수리의 시야가 아니라 한 걸음 앞을 보는 벌레의 태도가 기술진화의 법칙에 훨씬 잘 들어맞는다.

도약하는 것처럼 보이는 경우가 있다면 그것은 성공 사례만 선택적으로 인식하고, 중간 과정을 무시하는 우리의 편향된 인지구조 때문이다. 짧은 시간에 놀라운 기술적 도약이 일어났다면 많은 스몰베팅을 압축해서 집어넣었기 때문이지 축지법을 쓴 것이 아니다. 근시안적인 시계공이지만, 지치지 않고 남보다 스몰베팅을 더 많이 할 수 있다면 누구라도 세상 처음 보는 놀라운 시계를 만들어낼 수 있다.

6
기술진화의 법칙 4:
경험의 축적과 전수

개미의 페로몬 축적과 길 찾기

수많은 개미가 일렬로 줄을 서서 멀리 떨어진 곳에서 먹이를 찾아 끌고 오는 모습은 신기하기 짝이 없다. 그런데 그 알고리즘을 알고 나면 더 신기하다. 우연히 한 개미가 먹이를 발견하면 집으로 돌아오는 길에 페로몬이라는 물질을 조금씩 뿌린다. 다른 개미들이 돌아다니다가 이 냄새를 맡으면 그 길을 따라가게 되고, 페로몬을 계속 분비한다. 여러 다른 경로가 생기지만, 먹이에 가장 빠르게 도달했던 개미들의 페로몬이 더 먼 경로로 오갔던 개미들의 페로몬보다 덜 휘발되기 때문에 짧은 경로로 개미가 더 많이 지나다니게 되고, 페로몬의 농도는 계속 짙어진다. 이 과정을 반복하다 보면, 먹이에 이르는 여러 경로 가운데 페로몬의 농도가 가장 진한 최단 경로가 선택된다.[12] 진화의 과정에서 발생한 개미의 최단 경로 찾기 알고리즘은 그 자체로 놀라운 경이이면서, 기술의 진화 과정에 대해 중요한 시사점을 준다.

신기술의 해법을 찾는 것은 작은 스몰베팅을 하면서 탐색하는 과정이고, 이는 개미들이 이러저러한 경로를 더듬어보면서 먹이를 찾는 과정과 같다. 개미들의 탐색 시도가 대부분 성과 없이 끝나듯이, 신기술을 만들고자 하는 스몰베팅 시도 대부분도 시행착오로 귀결되기 마련이다. 그러나 개미들이 매번의 시도에서 페로몬을 남기는 것처럼 기술 개발을 위한 시행착오의 기록도 축적하는 것이 중요하다. 시행착오의 기록이 축적되고, 확산되고, 전수되지 않으면 이미 했던 시행착오를 반복할 수밖에 없다. 개미들의 길 찾기에서 누적되는 페로몬의 향기가 없다면, 매번 마구잡이로 돌아다니는 일만 반복할 뿐 최적의 경로를 찾지 못하는 것과 같다.

인간은 기록을 할 수 있는 유일한 생명체다. 인간에게 기록은 개미의 페로몬과 같다. 페로몬은 휘발되기 전까지의 짧은 시간 동안 경로를 새겨두는 역할을 하지만, 기록은 다른 사람에게 전달할 수도 있고, 후대에 전수할 수도 있다. 이 기록을 바탕으로 인간은 새로운 기술을 끊임없이 누적해서 발전시켜 왔고, 문명의 수준을 높일 수 있었다. 생물의 진화는 유전자에서 일어나는 임의적인 돌연변이와 자연선택을 통해 천천히 이루어지지만, 인간은 시행착오의 기록을 공유하고 전수함으로써 빠른 속도로 새로운 기술을 만들어 낼 수 있었다.

이에 반해 동물은 태어나면서부터 모든 시행착오를 처음부터 다시 반복해야 한다. 물론 동물도 자식에게 먹이 잡는 법을 가르친다. 심지어 일본 고지마섬에 서식하는 원숭이 종은 모래가 묻은 고구마를 물에 씻어 먹는 효과적인 음식 섭취 방법을 발견하고 다른 원숭이에게 전파하는 사회적 행동을 한다고 알려져 있기도 하다. 그러나 인간처럼 체계적으로 시행착오를 기록하고, 이를 기반으로 새로운 것을 누적해서 만들고 축적해가는 종은 아직 발견된 적이 없다. 기술진화가 시행착오의 결과인 점은 분명하지만, 그것을 기록하지 않으면 발명가가 살아 있는 동안만 발전할 뿐, 후손이 다시 처음부터 기술 개발을 시작해야 하는 되돌이표가 될 뿐이다.

시행착오가 아니라 시행학습

1986년 1월 미국의 우주왕복선 챌린저호가 발사 후 73초 만에 공중에서 폭발했고, 일곱 명의 승무원이 모두 사망했다. 발사 장면을 지켜보던 현장의 사람들과 텔레비전 생중계를 시청하던 사람들은 엄청난 충격을 받았다. 당연히 우주왕복선과 관련된 모든 프로젝트가 중단되었다. 치명적인 실패였다. 그러나 그 이후가 중요하다. 백악관은 각 분야의 전문가로 조사위원회를 꾸렸고, 광범위한 조사를 거친 끝에 원인을 찾았다. 고체 로켓부스터의 접합 부위에 사용된 고무 재질의 오링Oring에 문제가 있었다. 온도가 낮아지면 고무가 딱딱해져 밀봉력이 떨어지는데, 발사 당일 케네디 우주센터의 기온이 예상보다 낮았던 게 문제였다. 발사 직후부터 가스가 새면서 불이 붙었고, 연료탱크가 폭발하는 사고로 이어졌다. 문제점을 미리 발견하고 조치할 수도 있었을 텐데, 원활하지 못한 소통 구조와 경직된 의사결정 체계 또한 장애가 되었다. 조사위원회는 원인 분석 결과를 상세히 담은 보고서를 1986년 6월 대통령에게 제출하고 일반에 공개했다. 미국항공우주국NASA은 이 보고서에 따라 이런 문제가 또다시 되풀이되지 않도록 기술적·제도적 개선 방

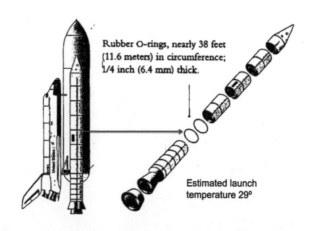

Rubber O-rings, nearly 38 feet
(11.6 meters) in circumference;
1/4 inch (6.4 mm) thick.

Estimated launch
temperature 29°

챌린저호의 로켓부스터에 장착된 오링과 사고조사위원회의 보고서

안을 만들어 역시 공개했다. 오링의 재질을 바꾸고 로켓부
스터 접합부의 설계를 바꾸는 한편, 의사결정 과정도 개선
했다.[13] 이로써 이후 로켓 발사에서 이와 같은 오링의 문제
는 다시 생기지 않았다. 이 문제를 접해본 적이 없는 NASA
의 신입 엔지니어도 과거의 경험을 담은 매뉴얼을 전수받
는 순간 오링의 문제는 신경 쓸 필요 없이 새로운 기술을 만
드는 데 시간을 들일 수 있다.

　기술진화에서 시행착오가 필수적이라고 하지만, 시행착
오로부터 교훈을 얻고, 기록하고 공유하고 전수하지 않는다
면 기술은 한 걸음도 진전할 수 없다. 그래서 시행착오trial

and error가 아니라 시행학습trial and learning이 중요하다.

축적과 전수의 메커니즘

기술 개발의 기록이 동종 기술의 후속 개발을 위해 활용되는 것을 수직 전수vertical transfer라 하고, 다른 기술 개발을 위해 활용되는 것을 수평 전수horizontal transfer라고 한다. 과거 도제 시절에는 스승에게서 제자로 비법이 전해지는 수직 전수가 대부분이었고, 수평 전수는 비밀이 다른 사람에게 새어나가는 것을 막기 위해 엄격히 제한되었다. 아예 기록을 하지 않거나 기록이 있더라도 소실된 경우에는 기술 진화가 멈추는 일이 다반사였다. 그러나 과학혁명 이후에는 기록, 확산, 전수가 기술 발전의 전제조건이 되었다. 이것을 촉진하기 위해 만들어진 메커니즘이 학술논문과 특허다.

학술논문은 1665년 영국왕립학회가 발간한 《철학회보 Phiosophical Transactions》가 시초다. 이후로 많은 분야의 학술지가 생겨났는데, 전 세계 학술지를 검색할 수 있는 가장 방대한 데이터베이스인 웹오브사이언스Web of Science에서 현재 검색 가능한 숫자만 해도 2만 1,000여 종에 이른다. 이모든 학술지의 운영 방식은 《철학회보》의 첫 호가 발간되었을 때부터 지금까지 동일하다. 연구자가 새로운 사실이나 법칙을 발견했다고 생각하면 논문으로 정리해서 투고한다. 그러면 임의의 동료 연구자들이 참여해서 논문을 심사하고, 수정 보완을 거쳐 검증되었다고 인정되는 논문은 출판하게 된다. 이렇게 동료 심사를 거쳐 발간되는 새로운 과학적 지식의 숫자, 즉 학술논문의 숫자는 요즘 연간 약 300만 건에 이른다. 이렇게 많은 수의 새로운 지식은 다시 조합되고, 굴절적응을 하면서 새로운 지식을 더 가속적으로 만들어내고 있다.

특허도 과학기술의 새로운 발견을 기록하고 확산, 전수하는 중요한 수단으로서 학술논문과 유사한 과정으로 검증받는다. 즉 특허가 출원되면 관련 분야의 전문가인 특허심사관들이 유용한 지식인지(유용성), 기존에 없던 지식인지(신규성), 지식의 발전에 기여하는 바가 있는지(진보성)를 꼼꼼하게 따져 특허권을 허용한다. 특허를 받은 사람은 그 지식에 대해 독점적 권리를 부여받지만, 그 대신 본인이 노력해서 알게 된 새로운 지식을 특허명세서에 상세하게 기록해서 모두에게 공개해야 한다. 현재 한국 특허청에만 1년에 27만여 건의 특허가 신청되고 있고 미국, 유럽, 한국, 일본, 중국의 5개국 특허청에 신청되는 특허 건수는 매년 거의 300만 건에 이른다.

학술논문과 특허는 인류가 지식을 공유하기 위해 만든 300년 된 메커니즘이다. 이 외에도 분야별로 매뉴얼이 있고, 회사 내에는 사내 매뉴얼을 보유하고 있다.

인간의 생물학적 조건은 지난 600만 년 동안 아주 느린 속도로 진화했고, 약 30만 년 전 현재의 사피엔스 종이 등장하고 난 이후에는 거의 변화가 없었다. 그러나 기술진화의 각 단계를 기록하고 전수하고 공유하는 메커니즘 덕분에 문명적 진화는 급속히 이루어졌다. 기록은 인간-기술 복합체가 생물진화의 느린 속도를 극복할 수 있는 엘리베이터와 같은 역할을 했다.

최근에는 시행착오를 기록하는 방식 자체가 급격히 변화하고 있다. 과거에는 모종의 권위를 가진 사람들이 필요한 경험과 지식을 선별해 일정한 양식으로 굳혀 정리했다. 그러나 지금은 위키피디아처럼 실시간으로 새롭게 생기는 지식을 누군가 올리고 공유하는 집단지성의 방식으로 바뀌고 있다. 브리태니커 백과사전의 자리를 위키피디아가 차지한 것이 대표적인 예다. 프로그래밍 코딩을 할 때도 과거에는 코딩 교과서를 보거나 선배의 지도를 받으면서 했다면, 지금은 코딩 공유 사이트인 깃허브Git-Hub에 실시간으로 전 세계에서 업로드되는 수많은 사람의 코딩 기록을 불러와서 자신만의 프로그램을 코딩할 수 있다. 멀리 볼 것도 없이 컴퓨터가 고장 났을 때 과거에는 전문 수리점에 맡겨야 했지만, 지금은 인터넷으로 잠깐만 검색해봐도 수많은 시행착오와 그로부터 걸러진 교훈을 접할 수 있다. 시행착오와 경험 그리고 지식을 기록하는 방식에 혁명적 변화가 일어나면서 기술진화의 속도 또한 더 급격해질 것으로 예상된다.

7
기술진화의 법칙 5:
선적응과 분화

차별적 수요가 분화의 시작

에콰도르에서 태평양 쪽으로 약 1,000킬로미터 떨어진 망
망대해에 열여덟 개의 주요 섬과 세 개의 작은 섬으로 구성
된 갈라파고스제도가 있다. 각각의 섬은 조금씩 다른 생태
계적 특징이 있고 이 때문에 식물들의 씨앗 모양이 다르다.
우연히 갈라파고스로 날아온 핀치새들이 여러 섬에 번식하
면서 다양한 변이가 생겼다. 열매 크기가 큰 섬, 선인장이
많은 섬, 곤충이 많은 섬 등 생태 환경의 특성에 따라 살아
남는 새들의 부리 모양과 몸 형태가 달라졌고, 처음의 작은
차이가 대를 이어 누적되면서 한 종이던 핀치새는 여러 세
부 종으로 분화해나갔다. 이처럼 생물계에서 지리적 격리는

분화가 이루어지는 중요한 계기를 제공한다.

　기술진화에서도 분화는 아주 흔히 나타난다. 19세기 등장한 자동차는 100년이 넘는 동안 스포츠카, 승용차, 트럭, 군용차량 등 여러 세부적인 종으로 분화해나갔다. 생물이 격리된 환경에서 차별적으로 선택되었듯이 기술의 세계에서는 다양한 소비자의 선호 그룹이 기술 분화를 촉진했다. 신기술을 꿈꾸는 모든 기술자는 자신이 시작한 새로운 기술 종의 시조가 되는 것이 가장 큰 소망이다. 이 기술 분화의 과정은 어떻게 진행되는 것일까?

　생물진화에서 지리적 격리가 중요한 계기가 되듯이 기술 분화의 초기에는 새로운 수요가 분화의 씨앗이 된다. 전화기라는 개념이 등장하고, 먼 거리에 있는 사람과 소통하는 것이 상식이 되고 나면, 이제는 무선으로 자유롭게 들고 다

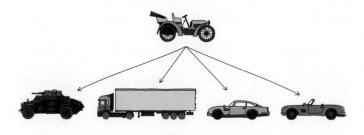

자동차의 분화 예시

니면서 전화할 수 없을까 하는 수요가 슬며시 싹튼다. 오늘날 스마트폰이라는 종의 시작이다. 웹사이트라는 걸 만들어 나의 정보를 알리는 게 일상화되고 나면, 웹사이트가 너무 많으니 자신에게 필요한 정보가 있는 웹사이트만 쉽게 골라서 찾을 수 없을까 하는 수요가 고개를 든다. 1990년대부터 시작되어 새로운 장르가 된 검색엔진이라는 기술 종의 출발이다. 스마트폰이나 검색 기술이나 지금 우리에게는 익숙한 기술이고 이와 관련해서 밥을 먹고 사는 사람만 해도 수천만 명에 이르지만, 불과 50년 전만 하더라도 인간사회에는 존재하지 않던 기술의 새로운 종들이다.

틈새시장과 못난 아기

차별적인 수요가 싹트면, 이것을 충족하기 위한 초기 버전의 기술이 등장한다. 그러나 수요 자체도 아직 불분명해서 작은 틈새시장 정도가 형성된다. 1970년대 등장한 리튬이온배터리도 다시 충전해서 쓰면 좋겠다는 수요는 있었지만, 지금과 같은 노트북이나 휴대전화, 전기차 같은 큰 시장이 없었기 때문에 장난감에 들어가는 용도의 작은 틈새시장에서 시작했다. 처음 열린 틈새시장에 적용되는 기술은

증기자동차

핵심적인 기술 한두 가지를 제외하고 나머지는 대부분 기존의 기술들에서 이것저것 빌려 임시변통으로 만들어진다. 자동차의 시조라고 할 수 있는 증기자동차는 말이라는 동력을 대신해서 증기기관을 달았을 뿐 바퀴 축이나 차체, 서스펜션 등 나머지 대부분의 시스템은 기존의 마차에서 가져온 것이다. 이처럼 핵심적인 기술과 기존 기술의 땜질식 조합을 선적응pre-adaptation이라고 한다.

틈새시장에서 땜질식으로 등장한 첫 번째 버전은 볼품없고, 성능도 그리 좋지 못하다. 기존 시스템에서 아무 생각 없이 가져오는 구성요소도 있어 나중에 돌아보면 불필요한 것들이 덕지덕지 붙어 있기도 하다. 오죽했으면 픽사PIXAR

의 창업자인 에드윈 캣멀Edwin Catmull은 이런 혁신적 기술의 초기 버전을 "못난 아기ugly baby"라고까지 불렀다. 갓 태어난 아기는 눈도 제대로 뜨지 못하고, 머리 모양도 제대로 자리 잡지 못해 우습게 보인다. 이 모습에서 20년 뒤 훌륭하게 자란 청년의 모습을 상상하기는 쉽지 않다. 그러나 모든 사람이 그러하듯, 못난 아기의 시기가 없으면 훌륭한 기술은 탄생하지 않는다.

작은 틈새시장은 첫 번째 선적응이 살아갈 수 있는 최소한의 자양분을 제공한다. 틈새시장에서 기술의 효과가 확인되면, 그보다 조금 더 큰 시장에서 수요가 따라오고, 그 수요를 만족시키기 위해 기술 개발을 위한 자원이 몰려든다. 그 결과 기술 개발의 속도는 더욱 빨라진다. 이런 과정을 거치면서 새로운 수요가 더 발굴되고, 기술 개발이 더 빨라지면서 기술혁신의 사이클에 가속이 붙는다. 어느 순간 못난 아기였던 기술은 세상의 새로운 표준이 되고, 과거 틈새시장에서 꼼지락거리던 모습을 회고하면서 미소 짓게 된다. 이 과정에서 수요조차도 진화하게 되는데, 틈새시장에 있는 작은 기술을 보고 좀 더 확장된 용도에도 쓰면 좋겠다고 생각하며, 이런 식으로 수요의 범위가 변화하면서 확장된다.

틈새시장은 이 기술과 수요가 함께 진화하는 공진화共進化의
출발점과 같은 역할을 한다.

세계 최초의 상용 휴대전화기는 모토로라가 1984년 내놓
은 다이나택 8000X DynaTAC 8000X였다. 무게가 793그램이었
고, 1회 충전에 걸리는 시간은 열 시간이었지만 통화 가능
시간은 30분에 불과했다. 당시 한 대의 가격은 3,995달러로
물가상승률을 고려한다면 지금 우리 돈으로 1000만 원이
넘는 수준이었다.

나중에 '벽돌폰'이라는 별명이 붙여질 정도로 무겁고 볼
품도 없었지만, 자유롭게 들고 다닐 수 있다는 핵심적인 기

최초의 휴대전화 다이나택 8000X(좌)와 스마트폰의 원조 IBM의 '사이먼' 모델(우)

능 하나가 혁신적이었다. 이 벽돌폰이 살아남을 수 있는 틈새시장은 바쁘게 출장 다니는 비즈니스맨을 위해 회사가 대신 구매해주는 기업용 전화기 시장이었다. 이 틈새시장에서 휴대전화의 수요가 있다는 게 확인되자 관련 기업들이 뛰어들었고, 투자금과 우수한 인력이 몰려들며 휴대전화 기술은 폭발적으로 발전하기 시작했다.

스마트폰의 시작은 개인용 전자수첩으로 불리던 PDA가 원조다. 개인 연락처와 계산기, 메모장 등 몇 가지 응용프로그램을 내장하고 있었고, 컴퓨터처럼 자체 운영체제로 돌아간다는 의미에서 손에 들고 다니는 컴퓨터로 선전되었다. 물론 컴퓨터라고 이름을 붙이는 게 부끄러울 정도의 성능이었지만. 여러 회사가 PDA 제품을 내놓던 중 1994년에 IBM이 이 PDA 기술에 전화 송수신 기술을 결합하고, 흑백 디스플레이를 장착한 최초의 스마트폰인 사이먼 퍼스널 커뮤니케이터Simon Personal Communicator를 내놓았다. 컴퓨터와 전화기를 합쳤다는 면에서 스마트폰의 원조로 불리지만, 여전히 큰 회사의 임원급 정도만 쓸 수 있는 제한적인 틈새시장에서 존재했다.

지금으로 봐서는 투박하기 짝이 없는 이 사이먼에 인터

넷을 연결하고, 앱스토어라는 생태계를 붙인 것이 2007년 출시된 아이폰이다. 이렇게 성장하고 난 다음 초기 버전들을 되돌아보면, 웃음이 절로 날 정도로 '못난 아기'와 같다. 그러나 당시의 관점에서 보면 작은 틈새시장을 만족시키는 데는 충분할 정도의 성능을 보였다.

틈새시장의 못난 아기가 주는 시사점은 명백하다. 새로운 기술을 만들어보고자 한다면, 큰 시장이 아니라 틈새시장에서부터 비록 여러 기술을 얼기설기 조립한 것으로라도 기술이 의미 있게 작동한다는 것을 보이는 게 중요하다. 꿈이 클수록 눈앞에 있는 확실한 한 걸음에 집중하는 것이 핵심이다.

엔비디아의 시대는 끝난다?

짐 켈러Jim Keller는 컴퓨터 칩 디자인 분야의 구루라고 불린다. AMD, 애플, 테슬라, 인텔, 삼성 등 글로벌 회사의 CPU 설계를 지휘했고, 지금도 많은 사람이 차세대 칩의 미래를 묻고자 그를 찾는다. 그는 최근 인공지능 분야의 많은 사람이 찾는 엔비디아의 GPU 시대가 곧 끝날 것이라고 전망해서 주목받고 있다. 이 주장을 잘 살펴보면 기술 분화와 관련해서 중요한 시사점을 얻을 수 있다.

엔비디아의 GPU 칩은 원래 인공지능의 학습을 위해 개발된 기술이 아니라, 비디오게임의 화면상 정보를 행렬로 만들어 빠르게 연산하기 위한 용도로 만들어진 것이다. 그래서 게임 화면이 1초 동안 수십 번 바뀌는 과정에서 수행되는 연산은 애당초 CPU가 해야 할 일이지만, 복잡하지 않고 단순히 계산량만 많은 일이라 CPU의 부담을 덜어주기 위해, 쉽게 말해서 CPU를 도와줄 용도 정도로 만든 기술이다. 그런데 갑작스레 인공지능 시대가 열렸는데, 하필 인공지능의 빠른 학습을 위해 가장 필요한 것이 단순한 행렬 연산을 빠르게 하는 것이었다. 그 덕분에 연구자들은 비디오게임용으로 쓰이고 있던 GPU를 가져다 임시변통으로 쓰기 시작한 것이다. 이것이 앞서 말한 GPU의 굴적적응이다.

그런데 똑같은 사안을 인공지능 기술의 관점에서 보면 인공지능 가속기라는 시장이 열리는 것으로 볼 수 있다. 그 첫 번째 틈새시장의 자리를 기존 기술인 GPU가 임시로 채워주고 있는 것이다. 엔비디아의 GPU는 이 인공지능 가속기 시장이 충분히 의미 있는 시장임을 확인시켜 주었다. 엔비디아 GPU의 성능이 개선되고 있다고는 하지만, 원래 인공지능용으로 만들어진 것이 아니라는 사실에는 변함이 없다. 바로 이 점에서 짐 켈러는 그래픽 정보처리용으로 만들어진 걸 임시로 가져다 쓰는 게 아니라 인공지능 계산의 고유한 특성을 반영한 칩 설계가 등장할 때가 곧 올 것이라고 주장한다. 게다가 엔비디아의 GPU 설계 프로그램인 CUDA의 플랫폼이 아니라 리스크파이브RISC-V라는 오픈소스 플랫폼으로 전환해 누구나 참여해 고치고 공유하면서 인공지능 가속기를 설계할 수 있는 시대가 올 거라고 주장하는 것이다. 엔비디아가 기존의 CUDA 플랫폼을 포기하고 빨리 새로운 개방형 패러다임으로 전환하지 않는다면, 지금의 화려한 시대가 막을 내릴 것이라는 경고이기도 하다.

이를 기술 분화의 관점에서 재해석하자면, 2012년 알렉스넷은 GPU를 처음 차용해서 만든 '못난 아기', 즉 초창기 선적응 모델이라 할 수 있다. 요약하자면, 인공지능을 위한 계산이라는 새로운 수요가 식별되었고, 엔비디아의 GPU가 못난 아기로서 초창기 니즈를 충족했지만, 수요가 확인된 이상 새로운 수요에 맞는 독자적인 기술이 등장할 것이라는 이야기다. 이것이 짐 켈러가 엔비디아의 화려한 시대가 끝날 수 있다고 말한 근거다. 이처럼 선적응 현상과 분화라는 패턴을 잘 인식하면 새로운 기술의 종이 탄생하는 시기를 어렴풋하게나마 짐작할 수 있다.

기술 분화는 모든 기술자의 꿈이다. 그런데 그 과정을 슬로비디오로 보면 그 어떤 놀라운 창조자가 "지금부터 이것이 새로운 기술 종이다"라고 선언하는 것과는 딴판이다. 작은 틈새시장을 희미하게 인식하고, 기존 기술을 땜질식으로 가져다 임시변통으로 수요를 충족시켜 보려고 노력하는 선적응 과정이 반드시 있다. 다른 한편으로 생각하면 기존 기술로 어떻게든 문제를 해결해보려는 선적응 노력을 많이 할수록 기술 분화를 일으킬 가능성이 커진다고도 할 수 있다.

8
기술진화의 법칙 6:
생태계와 공생

세균과 공생하는 인간

우리 몸속에는 약 100조 개의 미생물이 살고 있고, 그중 대장균이 0.1퍼센트 정도를 차지하고 있는 것으로 알려져 있다. 세균으로 분류되지만, 대장균은 그 자체로는 무해하다. 장내에 살면서 인간이 섭취한 음식물에서 먹이를 얻고, 그 대신 인간이 소화할 수 없는 물질을 더 작은 분자로 쪼개 소화를 돕거나, 병원성 세균의 증식을 억제하거나, 비타민 합성에도 기여하는 등 많은 일을 한다. 인간이 대장균을 먹여 살리고, 대장균은 인간의 생존을 돕는 보기 좋은 공생관계를 유지하고 있다. 공생관계 중에서 이렇게 서로 도움이 되는 관계를 특별히 상리공생이라 하고, 한쪽이 일방적으로 피해를 보는 공생관계를 기생이라고 한다. 대자연에서는 상리공생의 관계를 아주 쉽게 발견할 수 있다. 꽃과 벌은 서로의 생존에 없어서는 안 되는 존재다. 개미와 진딧물도 그렇다. 진딧물이 수액을 먹고 달콤한 배설물을 만들어 개미를 먹여 살리면 개미는 그 대가로 진딧물을 다른 해충의 공격으로부터 보호해준다.

뿌리혹박테리아와 콩과식물의 공생관계도 잘 짜맞춰진 톱니바퀴와 같다. 뿌리혹박테리아는 공기 중의 질소를 고정시킨 후 식물에 제공하고, 식물은 이로부터 단백질을 합성해낸다. 그 대신 뿌리혹박테리아는 살아가는 데 없어서는 안 될 양분인 탄수화물을 식물로부터 받는다. 좀 더 큰 그림으로 보면 콩과식물 한 그루가 잘 자라기 위해서는 수많은 뿌리혹박테리아가 역할을 해야 하고, 반대로 이 박테리아가 살아가기 위해서는 콩과식물 여러 그루가 존재해야 한다. 자연은 이처럼 여러 개체가 서로 얽혀 필요한 것을 나누면서 생태계 속에서 같이 진화하고 있다. 나 혼자 살겠다고 뿌리혹박테리아로부터 질소만 받고, 탄수화물을 내주지 않으면 결국 콩도 죽을 것이다.

기술 시스템은 공생 생태계

모든 기술은 다른 기술과 공생관계를 가지면서 생태계를 형성한다. 컴퓨터는 하드웨어 기술과 소프트웨어 기술이 함께 있어야 작동한다. 인텔로 대표되는 CPU 칩의 하드웨어 생태계와 마이크로소프트로 대표되는 소프트웨어 생태계가 서로에게 먹이를 주는 것과 같다. CPU의 세대가 올라가면 운영체제 프로그램도 따라 올라간다. 그 역도 마찬가지다.

최근 관심의 대상이 되고 있는 반도체 파운드리 기술도 마찬가지다. 비메모리반도체 혹은 시스템반도체라고도 불리는 마이크로프로세서 칩 분야는 팹리스와 파운드리의 두 생태계로 크게 나뉜다. 팹리스 기업들이 새로운 칩의 설계도를 만들고, 파운드리 기업들은 이것을 받아 설계도대로 값싸고 빠르게 만들어주는 방식으로 역할을 분담한다. 파운드리 기업으로 가장 유명한 곳이 바로 대만의 TSMC다. 그런데 TSMC의 주변을 살펴보면 마치 한 그루의 콩과식물이 수많은 뿌리혹박테리아와 함께하듯이 여러 응용 분야의 칩 설계에 특화된 많은 수의 팹리스 기업이 함께하는 것을 볼 수 있다. 그뿐 아니라 팹리스 기업이 만든 설계가 TSMC의 생산설비 특성에 적절하게 됐는지를 검토해서 수정해주는 디자인하우스도 있고, 완제품으로 만드는 과정에서의 패키징과 테스트 기술을 제공하는 기업, 여기에 파운드리의 원료인 기판과 웨이퍼처럼 소재기술에 특화된 기업 등 수많은 종류의 기업이 TSMC를 둘러싸고 벌떼처럼 포진해 있다. 마치 콩과식물 한 줄기 주변에 다양한 종류의 박테리아가 존재하는 것과 같다.

단, 상리적 공생관계가 되려면 서로 주고받기가 있어야 하는데, TSMC는 수익을 독식하지 않고 생태계 내에 있는 수많은 작은 기업이 먹고살 수 있도록 적절한 수익을 나누어 가진다. 그 결과 콩과 박테리아가 같이 성장하듯이 TSMC와 그 주변을 둘러싼 시스템반도체 생태계의 기업이 같이 성장하는 것이다. 그래서 협력이 기술진화를 촉진하는 중요한 원리라고 할 수 있다.

보완적 기술을 가진 기업 간의 협력은 필수

원시시대 돌도끼는 그 자체로 완성형이다. 혼자서 다 만들고 혼자서 쓸 수 있다. 그러나 오늘날의 모든 기술은 다른 기술과 함께해야 기능을 발휘할 수 있다. 그래서 각각의 기술을 가진 기업 간의 공생적 협력 관계가 기술진화를 위해 필수적일 수밖에 없다.

휴대전화 앱 생태계의 진화 과정을 보면 쉽게 알 수 있다. 2008년 7월 애플은 500개의 응용 앱이 있는 앱스토어를 처음 선보였다. 앱스토어는 아이폰에서 작동하는 애플리케이션 프로그램, 즉 응용 기술을 만든 사람이 자신의 제품(앱)을 업로드하고, 수요자가 그중에 골라서 제품(앱)을 구매하는 장터다. 앱스토어의 개념이 등장한 이후 수많은 앱 개발자와 회사가 자신들의 앱 제품을 올리기 시작했다. 2024년 현재 앱스토어에는 약 200만 개의 앱이 존재하고, 2023년 한 해 동안 소비자가 약 350억 회 다운로드한 것으로 보고되고 있다. 소비자가 낸 돈은 앱스토어를 운영하는 애플과 앱 개발자가 나누어 갖는다.

앱스토어가 등장하기 전에도 휴대전화에는 간단한 게임이나 메모장 같은 앱이 존재했다. 그러나 작동 방식은 완전히 달랐다. 제품(앱)을 개발한 사람이 휴대전화를 파는 통신사의 큰 회의실에 들어가 발표를 하고, 근엄한 통신사 임원의 눈에 든 소수의 제품(앱)만이 휴대전화에 올라가며, 개발자는 개발비 정도를 받을 수 있으면 그나마 다행이었다. 다양한 앱을 만들어보고자 하는 유인이 사실상 없었고 임원들의 선택 기준도 둔감하기 짝이 없어 앱 생태계는 한참 동안 진화 없이 죽은 바다와 같았다.

그러나 앱스토어라는 개념이 등장하자 수많은 변이가 생겨나기 시작했고, 이는 마치 수많은 뿌리혹박테리아가 번식할 수 있는 환경이 만들어진 것과 같았다. 앱을 만드는 기업이 많아지자 기술 진보의 속도가 빨라졌고, 덩달아 애플도 기하급수적으로 성장하기 시작했다.

생태계와 공생의 개념이 주는 시사점은 명확하다. 기술의 진화 속도를 높이려면 과거와 같이 혼자 모든 것을 다할 수 있다는 생각을 버려야 한다. 혹 다른 사람과 협력한다고 하더라도 달콤한 이윤을 자신이 독식하겠다는 생각도 버려야 한다. 박테리아가 양분을 나누어 먹고 건강하지 않으면 콩도 살아남을 수 없다. 생태계를 구축하고, 같이 성장하고 진화하기 위한 공생의 틀을 갖추어야 한다.

진화 가능성

기술진화의 법칙을 다시 요약하자면 다음의 여섯 가지다. (1) 조합진화, (2) 굴절적응, (3) 스몰베팅과 적응적 탐색, (4) 경험의 축적과 전수, (5) 선적응과 분화, (6) 생태계와 공생. 백열전구가 되었든 아이폰이 되었든 간에 성공적인 신기술 혹은 새로운 기술 종의 탄생을 역추적해보면 예외 없이 이 여섯 가지 법칙이 작용하고 있음을 알 수 있다. 그러나 이 법칙을 적용했을 때 구체적으로 어떤 기술이 탄생할지는 알기 어렵다. 우연적 요소가 너무 많기 때문이다.

이때 중요한 개념이 진화 가능성이다. 생물학적 관점에서 진화 가능성은 '기존의 종보다 더 환경에 적합한 변종을 생산하는 능력'으로 정의된다.[14] 특정 바이러스가 다른 바이러스보다 더 많은 변이를 만들어내고, 환경 적응력이 더 좋은 변이를 후손에게 많이 물려줄 수 있다면 진화 가능성이 크다고 할 수 있다. 기술의 관점에서는 '기존 기술보다 수요를 더 잘 만족시키는 새로운 기술을 만들어내는 능력'이라고 정의할 수 있다. 그러나 생물과 달리 기술은 스스로 자손을 낳지 못하기 때문에 진화 가능성은 기술 자체의 특성이라기보다 기술을 만들어내는 과학기술자나 개발자, 기업 그리고 넓게 보면 국가의 특성이라고 할 수 있다.

기업의 경우를 예로 든다면 진화 가능성이 큰 기업이란 사내외의 여러 기술을 활발하게 조합해보고(조합진화), 여러 응용 분야를 적극적으로 탐색하며(굴절적응), 스몰베팅 하면서 조금씩 빨리 그러나 끈질기게 시도하면서 수정해나가고 (스몰베팅과 탐색), 그 경험을 꾸준히 축적하고 공유(경험의 축적과 전수)하는 기업을 말한다. 또한 완성된 해법은 아니지만 틈새시장에서부터 적용하면서 수요의 확장성을 탐색하고 (선적응과 분화), 다른 기업과 함께 수익을 나누면서 같이 살아갈 생태계를 구축해나가는(생태계와 공생) 기업이다. 이런 기업에서는 구체적으로 어떤 기술을 만들어낼지 정확히 예단할 수 없으나 탁월한 신기술을 내놓을 가능성이 크다. 이는 비단 기업에만 해당하는 이야기가 아니다. 기술진화의 진화 가능성이 큰 국가도 생각할 수 있는데, 그 원리는 기업의 경우와 같다.

기술은 사회를,
사회는 기술을 바꾼다

기술은 생물이 아니다. 기술이 진화한다고 하지만, DNA가 없을 뿐 아니라 스스로 후손을 낳지 못하기 때문에 생물진화의 이론이 그대로 적용될 리 없다. 가장 큰 차이는 바로 인간의 의지다. 생물진화는 랜덤한 돌연변이와 자연환경에 의한 선택이 중요한 역할을 하지만, 기술진화에서는 인간이 의지를 가지고 새로운 기술을 만들고, 선택하고, 전수한다. 생물의 미래는 예측할 수 없지만, 기술의 미래는 예측할 수 있다. 보다 엄밀하게 표현하자면, 기술의 진화는 인간이 의도하는 만큼, 의도하는 방향대로 펼쳐진다. 기술의 미래는 인간의 미래이기도 하다.

1
기술의 미래와
테크늄의 상상

인간의 능력을 증강시켜 온 기술의 발전 경로

당연한 이야기지만, 기술은 계속 발전한다. 리튬이온배터리의 에너지밀도는 1991년 소니SONY가 상용화 제품을 처음 내놓았을 때 90Wh/kg이었지만, 2010년에 이미 200Wh/kg을 넘어섰다. 2000년대 초 10만 메가픽셀MP급이던 휴대전화 카메라도 2024년에는 2억 메가픽셀을 담을 수 있을 정도가 되었다. 컴퓨터의 성능은 매년 더 높아지고 있고, 인터넷은 점점 더 빨라지며, 로봇은 더 무거운 중량을 들거나 더 정교한 작업을 한다. 인공위성은 더 정교하게 지구를 찍고, 현미경은 원자 단위의 물질을 보여준다. 반도체 집적도가 매년 혹은 2년마다 두 배씩 증가할 것이라고 예측한 무어의 법칙처럼 일정하지는 않지만, 많은 산업 분야에서 기하급수적인 성능 향상을 볼 수 있다. 기술은 끊임없이 빨라지고, 가벼워지고, 스마트해진다. 기술이 인류와 함께 모습을 드러낸 이래 변함없이 계속되어 온 일정한 추세를 자연 경로 natural trajectory라고 한다. 속도나 해상도와 같이 기술의 성능을 나타내는 지표가 있을 때 그 값이 지속적으로 높아지는 것이 대표적인 기술의 자연 경로다.

기술 발전의 자연 경로는 인간 능력의 외화 externalization 과정이라고 볼 수도 있다. 예를 들어, 과거 사람이나 동물의 힘으로 갈던 논밭을 트랙터로 갈도록 하는 것은 기술을

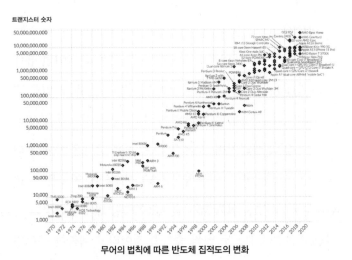

무어의 법칙에 따른 반도체 집적도의 변화

근육 대신 사용한 것이다. 다른 말로 표현하면 "인간의 근육을 기술로 외화시켰다"라고 한다. 안경은 인간의 시각 기능을 렌즈 기술로 외화시킨 것이고, 계산기는 뇌의 기능 중 연산 능력을 뇌 바깥으로 빼낸 것이다. 엉뚱한 예처럼 보일지 모르지만, 런던의 명물인 블랙캡 택시의 기사는 규정상 GPS를 쓸 수 없다. 그 대신 런던 시내 640개 지역의 주소를 암기하고, 2만 5,000개 거리의 이름도 암기해야 한다. 또한 2만 개의 식당, 교회, 박물관 등 주요 랜드마크를 외우고 오프라인으로 대면면접까지 포함해서 까다롭기 짝이 없는 시험을 통과해야 해서 면허를 따기 어려운 것으로 유명하다. 그러나 GPS를 활용하면 굳이 인간이 힘들여 외우지 않아도 길을 찾는 데 어려움이 없다. 따라서 GPS는 런던의 택시 기사를 곤혹스럽게 하는 인간의 한정된 암기 능력을 기술로 외화한 것이라고 볼 수 있다. 기술의 자연 경로를 이와 같은 관점에서 보면 처음에 인간의 근육을 외화했고, 암기와 연산 능력을 외화하는 방식으로 진화해왔다. 이제는 인공지능 기술 덕분에 개와 고양이를 구분하는 인지능력과 자료에 근거한 이성적 판단 능력을 외화하는 단계에 이르렀다. 머지않은 시기에 인간의 미적 감각과 윤리적 판단을 외화하는 단계로 진화할 것이다. 인간 능력의 외화는 중요한 기술 진화의 자연 경로다.

기술의 자연 경로에서 또 한 가지 중요한 경향성은 혁신의 민주화democratizing innovation 추세다. 이는 과거 소수의 전문가만이 교과서적 원리를 알고 새로운 기술을 만들어낼 수 있었다면, 기술이 발전하면서 비록 비전문가라고 하더라도 기술 발전에 참여할 수 있게 되는 경향성을 의미한다. 대표적인 예로 과거엔 전문적인 교육을 받은 소프트웨어 전문가만 코딩할 수 있었다면, 지금은 챗GPT에 자연어로 명령하면 웬만한 코딩을 해주기 때문에 비전문가도 자신만의 고유한 프로그램을 만들어볼 수 있다. 3D 프린팅이 하는 역할도 마찬가지다. 과거 소수의 금형 전문가가 노하우를 폐쇄적으로 공유하면서 복잡한 금형 틀을 만들었다면, 지금은 중학생도 3D 프린팅 프로그램에 입력하고 마우스로 조절해가면서 복잡한 모형 틀을 만들어낼 수 있다. 이 혁신의 민주화 경향은 인류가 기술을 쓰기 시작한 이래 계속된 기술진화의 자연스러운 추세 중 하나다. 혹자는 중세시대에는 소수의 성직자만이 성경의 비밀스러운 메시지를 해석할 수 있었지만, 인쇄 기술이 탄생하면서 모든 사람이 직접 성경을 해석하게 됨으로써 지식의 민주화가 이루어졌고, 그 파급효과로 종교개혁이 이루어졌다고 주장하기도 한다.

테크늄의 상상

기술이 발전하는 자연스러운 경향과 관련해서 미래학자 케빈 켈리Kevin Kelly는 테크늄technium이라는 흥미로운 개념을 제시했다. 지구상에는 여섯 개의 생물계Kingdom가 있는데, 동물계Animals, 식물계Plants 외에 균계Fungi와 고세균계Archaebacteria, 세균계Eubacteria, 원생생물계Protists가 그것이다. 케빈 켈리는 이 여섯 개의 생물계와 함께 테크늄이라는 기술계를 진화하는 일곱 번째의 독립적인 진화 집단으로 명명했다. 그는 비록 기술이 생물처럼 자손을 낳지는 못하지만 생물의 진화처럼 특정한 진화의 경향성을 보인다고 주장했는데, 효율성 증가, 기회 증가, 창발성 증가, 복잡성 증가, 다양성 증가, 전문화 증가, 편재성 증가, 자유 증가, 상호 의존 증가, 아름다움 증가, 직감력 증가, 구조 증가, 진화 가능성 증가가 그것이다. 이런 특정한 진화 패턴을 가진 테크늄은 기존 여섯 개의 생물계와 상호작용 하면서 스스로 진화의 속도를 높이고 있다. 최근에는 인공지능의 발달

을 염두에 두고 기술 발전에서 불가피하게 나타날 열두 가지 패턴을 제시하기도 했다.[1]

테크늄의 상상은 기술을 스스로 진화하는 존재인 것처럼 묘사한다는 측면에서 흥미로우면서도 섬뜩한 느낌을 준다. 비유하자면 CPU가 스스로 다음 버전을 낳지는 못하지만, 더 빨라지기 위해 인간 칩 설계자를 이용해 더 새로운 설계를 하게 시킨다고 상상하는 것이다. 중요한 것은 인간의 의지가 분명 영향을 미치겠지만, 테크늄이 가진 물리적인 경향성, 즉 더 빨라지고, 더 인간과 밀착하고자 하는 추세를 이해하는 것이 기술의 진화 방향을 이해하는 기본 전제가 된다는 사실이다.

특이점이 온다

기술진화의 경향성과 관련해 테크늄만큼이나 상상의 끝을 달리는 개념이 특이점 singularity이다. 기술이 성능이 개선되다 못해 스스로 그 발전속도를 조절하지 못하고 마침내 인간의 이해 범위를 넘어서게 되는 순간, 즉 특이점이 올 것이라는 주장이다. 특히 인공지능이 초지능 super intelligence으로 진화해 인간이 이해할 수 없는 방식으로 사고하고, 스스로 발전하는 단계에 이르렀을 때를 특이점이라고 표현하는 경우가 많다. 실제로 이미 이미 인공지능이 인간과 대화하는 기술을 보면 인간인지 아닌지를 구분하기 어려운 단계를 넘어섰다.

초지능과 함께 살아가는 인간의 모습은 SF소설에 자주 등장하는 주제다. 그 가운데서도 가장 놀라운 상상은 SF소설가로 유명한 테드 창Ted Chiang이 2000년 과학잡지 《네이처》에 발표한 〈테이블에서 부스러기를 줍기〉라는 제목의 아주 짧은 단편소설이다.[2] 미래의 어느 시점에 세상에는 인간과 메타인류가 존재한다. 메타인류는 요즘 식으로 하면 초거대 인공지능 모델을 체화한 존재다. 메타인류는 자기만의 방식으로 과학을 발전시켜 나가는데, 평범한 인간은 메타인류가 발전시킨 과학적 지식을 심지어 이해하지도 못한다. 이런 상황에서 대부분의 인간 과학자는 더 이상 과학을 할 이유를 찾지 못하고 포기하지만, 소수의 인간이 남아 여전히 과학을 추구한다. 그러나 이들의 주된 관심은 새로운 지식을 발견하는 것이 아니라 메타인류가 창조해낸 과학적 지식을 이해하기 위해 노력하고, 이해한 것을 다른 사람들에게 해설해주는 일을 한다. 이것이 테드 창이 본 미래 과학의 모습이다.

이 소설이 쓰인 2000년에는 발칙한 상상이었겠지만, 지금의 바둑계를 보면 이미 상식적인 이야기가 되었다. 최고의 바둑기사들은 인공지능 프로그램을 보고 왜 이렇게 두었을까를 고심하면서 인공지능의 '마음'을 읽으려고 노력한다. 필요하다면 인공지능이 둔 수를 앞에 두고 인간 기사들이 토론을 하기도 한다. 알파고가 인간을 이겼을 때 많은 사람이 이제는 사람들이 더는 바둑을 두지 않을 것이라고 했지만, 여전히 바둑을 두는 사람과 바둑 해설을 하면서 먹고사는 사람이 많다. 그러나 더 이상 인간의 이해 범위를 넘어선 인공지능과 '대결'하려고는 하지 않는다. 인공지능이 두는 바둑을 이해하고, 해설하면서 인간들 간의 대결에 만족한다.

초지능으로 인한 특이점의 도래를 이야기하는 사람들은 바둑뿐 아니라 새로운 기술과 제품의 개발, 과학적 원리의 발견, 법률, 의료, 행정, 금융, 군사, 외교 등 인간사회 전 분야에서 이와 같은 기술과 인간 간의 전세 역전이 일어날 것이라고 주장한다. 지금의 인공지능 발전 추세를 감안한다면, 2045년 이전에 특이점이 올 것이라고 보는 사람이 많다.

바이오 분야에서도 특이점 논의는 완전히 다른 세상을 상상하게 한다. 우선 인간 유전자분석 비용이 상상하기 어려울 만큼 빠른 속도로 낮아지고 있다. 2003년 인간게놈프로젝트가 완성되었을 당시 한 사람의 유전자를 해독하는 데 3조 원가량이 들었다고 하는데, 2014년에는 100만 원대로 떨어졌고, 이제는 10만 원 정도면 한 사람의 유전자를 분석하는 데 충분할 정도가 되었다. 이렇게 되면 각 사람의 특징에 맞추어 질병을 치료하거나 예방하는 조치가 가능해지고, 자연스럽게 수명이 길어질 것이다. 좀 더 나가면 노화를 늦추거나 역전시키고, 필요한 장기를 갈아 끼우면서 영생하는 단계에 도달하게 될 것이다. 싱귤래러티대학의 교수인 호세 코르데이로Jose Cordeiro는 이 단계를 죽음의 죽음Death of Death이라고 명명하기도 했다.[3] 이 시점도 대체로 2045년 부근이 될 것으로 예상한다.

특이점이 필연적으로 도래할 것이라는 주장이 맞다면 인간이 할 일은 별로 없다. 지금의 기술 발전 추세는 누가 가로막을 수도 없을 만큼 날로 빨라지고 있고, 특이점이 다가오는 것은 단지 시간문제일 뿐이다. 특이점이 도래하면? 그때부터 인간은 그저 발전된 기술을 쳐다보면서 이해하려고 노력할 뿐이다. 기술진화의 관점에서 특이점은 기술이 테크 늄으로서 자발성을 가지고 스스로 진화하리라는 아주 극단 적인 논리의 귀결이다. 인간은 기술의 발전 속도가 너무 빨 라 영향을 미치지도 못하고 그저 압도적인 속도로 내달리 는 열차 옆의 아이처럼 경이로움에 입을 벌리고 있을 따름 이다.

나는 특이점의 주장을 믿지 않는다. 기술진화와 생물진화 가 결정적으로 한 부분에서 차이가 있기 때문이다. 기술진 화에서는 바로 인간의 의지와 꿈, 비전과 희망이 결정적인 영향을 미친다. 이것이 기술진화의 마지막 퍼즐이다.

2
생물진화와 기술진화의
차이는 무엇일까?

인간의 의도가 조율하는 기술진화

생물진화와 기술진화는 여러 면에서 닮았다. 가장 크게는
변이-선택-전승의 메커니즘이 동일하게 작동한다. 그럼에
도 기술은 분명 생물이 아니다. 가장 결정적으로 기술에는
생물이 가지고 있는 유전자라는 것이 없고, 따라서 스스로
후손을 낳지 못한다. 이를 기술사학자 조지 바살라는 "기술
진화에는 다윈이 있으나 멘델이 없다"라는 표현으로 요약
했다.[4] 이 때문에 기술진화 이론은 방법론적으로 아직 생물
진화의 여러 개념을 빌려와서 유추 해석하는 정도에 그치
고 있다.

기술진화와 생물진화가 가장 결정적으로 다른 점은 인간

의 의도가 개입되어 있다는 점이다. 인간의 의도는 변이-선택-전승의 모든 단계에 걸쳐 작동한다. 우선 변이의 경우 생물진화는 유전자의 무작위적인 변화에 의해 생기는 돌연변이로 발생한다. 그러나 기술진화의 경우 대부분 인간이 모종의 의도를 가지고 변이를 발생시킨다. 예를 들어 기업에서 새로운 휴대전화 기술을 만들어보자고 기획할 때 어떤 성능을 중점적으로 높일 것인지, 어떤 디자인을 추구할 것인지를 두고 많은 '의도적' 고민을 한다. 시장조사를 하기도 하고, 잠재적 소비자를 불러 테스트하기도 한다. 그럼에도 어떤 변이가 적합한지를 알기 어렵기 때문에 몇 가지 대안을 파일럿 제품으로 만들어 검증하고, 다시 대안을 만드는 과정을 반복한다. 이 과정에 온갖 인간의 의도가 개입된다.

선택의 경우도 마찬가지다. 생물의 세계에서는 자연환경에 적합한지에 따라 선택 여부가 결정되지만, 기술의 경우에는 인간이 모종의 판단 기준을 가지고 기술의 대안들을 의도적으로 평가한 후 적합하다고 판단되는 대안을 고른다. 인간의 판단 기준에는 성능에 대한 과학적 평가도 있고, 디자인에 대한 미적 평가도 있을 수 있다. 선택과 변이는 서로 영향을 주고받는데, 대안을 여러 개 만들고, 인간이 세운 기준에 따라 선택하며, 선택한 결과를 더 개선할 방법을 찾으면서 다시 대안을 만들고 선택하는 과정을 반복하면서 기술은 진화해간다.

전승은 어떤가? 생물은 재생산 메커니즘이 유전자에 새겨진 대로 프로그램처럼 자동으로 작동하지만, 기술은 설계 내용과 활용 방법, 시행착오의 내용을 기록하고, 확산시키고, 후대로 전수하는 의도적인 노력이 있을 때 비로소 전승이 이루어진다. 즉 기술 측면에서 보면 인간이 생성한 기록의 축적과 확산이라는 메커니즘을 빌려 전승될 수 있는 것이다.

그래서 생물진화의 과정도 복잡하지만, 기술의 진화 과정도 그에 못지않게 복잡하다. 복잡성의 가장 큰 요인은 기술진화의 각 단계에 인간의 의도가 개입하고 있기 때문이다. 열 길 물속은 알아도 한 길 사람 속은 모른다는 속담도 있듯이 인간의 의도, 즉 마음은 이해하기 어려운 점투성이다.

그것을 알기 위해 먼저 기술이 인간에게 영향을 미치고, 인간 또한 기술에 영향을 미치는 인간-기술 복합체로서의 공진화 관계를 먼저 살펴봐야 한다.

3
인간사회가
기술진화에 미치는 영향

기술은 인간 의지의 표상

미로에서 쥐가 먹이를 찾는 규칙은 단순하기 짝이 없다. 먹이 냄새가 나는 곳으로 진행하고, 장애물에 부딪히면 방향을 바꾸어 먹이 쪽을 향해 갈 수 있는 길로 다시 진행하고, 또 막히면 다시 방향을 바꾸는 것이다. 이 지향성 있는 시행착오를 반복하다 보면 마침내 먹이에 도달하게 된다. 만약 수많은 쥐가 이 과정을 집단적으로 반복하고, 간 길마다 표시해놓는다면 쥐들이 시행착오를 거쳐 그려놓은 미로의 전체 지형도를 얻을 수 있다. 쥐들이 복잡하게 움직이는 것처럼 보일지 모르지만, 그것은 쥐들의 행동 규칙이 복잡해서가 아니라 미로의 지형 자체가 복잡하기 때문이다.

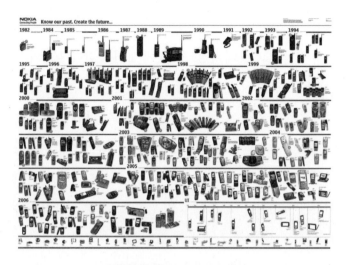

휴대전화의 진화(노키아 휴대전화의 사례)

기술진화도 이와 같다. 인간사회의 복잡한 선호 지형도를
따라 더 좋은 성능으로 좀 더 높은 선호를 만족시키기 위해
새로운 기술이 등장하고, 그것으로도 만족되지 않는 선호
를 좇아 그다음 버전의 기술이 나오는 식으로 기술은 한 걸
음씩 진화해나간다. 기술이 여러 방향으로, 또 이상하리만
치 특정 부분이 복잡하게 진화하는 것은 기술 때문이 아니
라 인간의 소망과 의도의 지형도가 복잡하기 때문이다. 따
라서 기술진화의 결과를 모아놓고 보면 인간과 사회의 의
도와 선호 구조가 어떻게 생겼고, 어떻게 변해왔는지가 그

대로 드러난다. 지난 수십 년간 조금씩 달라져 온 휴대전화들을 모아놓고 진화 과정을 한눈에 보면 인간이 소통의 수단으로 무엇을 원하는지 금방 알 수 있는 것과 같다. 기술은 보이지 않는 인간 의지를 보이도록 찍은 사진이다.

기술의 진화를 결정하는 인간의 의도, 즉 인간의 마음은 무엇을 원하는가? 우선 인간은 무언가를 수행하고자 할 때 시간과 에너지가 덜 드는 것을 원한다. 더 많고 무거운 것을 다루고 싶어 하고, 복잡한 것을 쉽고 빠르게 하고 싶어 하며, 지각하지 못하는 것을 알아채고자 한다. 이런 의도가 우리 마음속에 내재되어 있다는 것은 매번 지름길이 없는지 찾고 있는 자신을 조금만 되돌아봐도 쉽게 알 수 있다. 이런 의도의 근본 원인은 인간이 부여받은 생물학적 한계를 넘어 더 많은 것을 하고 싶기 때문이다. 부산에서 서울까지 도보로 걷는다면 시속 4킬로미터의 속도로 하루 여덟 시간씩 꼬박 걸어도 13일이 넘게 걸린다. 그 대신 고속철도라는 기술을 이용하면 두 시간 반이면 도착한다. 그렇게 번 여유 시간으로는 다른 많은 활동을 할 수 있다. 이처럼 발로 뛰는 것보다 더 빠른 자동차를 원하고, 날지 못하는 한계를 뛰어넘기 위해 비행기를 원하며, 이제는 날 수 있는 자동차를 원한다. 수백만 자리 곱셈을 쉽게 하기 위해 컴퓨터를 원하고, 눈에 보이지도 않는 극미한 세계와 수백 광년 떨어진 먼 곳을 보기 위해 현미경과 망원경을 원한다. 이런 관점에서 보면 인간은 손과 발, 머리와 눈, 코, 귀에 기술을 부착해 원래의 인간보다 더 크고 힘세고 똑똑해진 인간-기술 복합체가 되기를 원한다. 마셜 매클루언Marshall Mcluhan이 옷을 인간의 '확장된 피부', 바퀴를 '확장된 발'이라고 부른 것도 이 때문이다.[5]

인간의 의도는 물리적으로 생물학적인 제약을 극복하는 데만 작동하는 것이 아니라, 다른 사람과 차별화되고 싶다는 선호를 만족시키는 데서도 발현된다. 고대인들의 희귀한 자주색에 대한 집착이 이 점을 잘 보여준다. 기원전 1200년경 지중해의 페니키아인들이 뿔소라 분비물을 원료로 놀랍도록 복잡한 처리 과정을 거쳐 영롱한 자주색 염료를 만들어냈다. 특히 티리언Tyrian이라는 마을을 중심으로 많은 생산이 이루어졌는데, 그 덕분에 이 재료를 티리언 염료라고 불렀다. 그때로부터 콘스탄티노플이 함락된 기원후 1400년대까지 2,000년이 넘도록 티리언 염료는 같은 무게의 금보다 비싸게 거래될 정도로 귀한 대접을 받았다. 자주색 염료

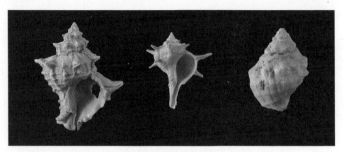
티리언 염료의 원료인 뿔소라

가 도대체 뭐길래 이렇게 비싸게 대접받았을까? 오로지 귀한 자줏빛을 선호하는 인간의 마음 때문이었다. 인간의 선호는 이전에 보지 못하던 신기한 것에 끌리는 속성이 있다고 하지만, 좀 더 근본적인 원인을 살펴보면 다른 인간과 차별화되고자 하는 욕구가 그 근저에 자리하고 있는 경우가 많다. 수천 마리 뿔소라를 삶고 짜내야 겨우 몇 방울 얻을 수 있는 자주색이니 오직 소수의 사람만이 티리언 염료로 염색한 옷을 걸칠 수 있었고, 남들이 쉽게 가지지 못한다는 사실 자체가 수천 년 동안 그 기술의 존속과 진화를 뒷받침한 것이다.

마음의 공간, 즉 상상의 공간은 넓기가 한정이 없다. 성간 聖間을 지나 다른 별에서 새로운 문명을 꾸리는 상상을 하기도 하고, 내 마음을 미리 읽고 눈앞에 필요한 정보를 알아서 대령하는 집사 로봇을 상상하기도 한다. 보지 못했던 색과 듣지 못했던 소리를 경험하고 싶어 한다. 그러나 인간이 가진 생물학적 제약과 주변 자연환경의 물리적 조건 때문에 이 상상은 즉시 충족될 수 없다. 기술은 인간의 한없는 의지와 한정된 몸, 상상과 현실 사이의 간극을 메우는 가교다. 이런 의미에서 기술의 진화 경로를 모아보면 인간 마음의 변경이 어떻게 확장되었는지를 읽을 수 있다.

인간이 무엇을 원하고, 상상하는지를 잘 보여주는 창문이 바로 SF소설과 영화다. 19세기 소설가 쥘 베른Jules Verne은 《해저 2만 리》와《지구 속 여행》 등의 SF소설을 통해 잠수함, 비행기, 우주선 등 미래 기술에 대한 상상을 마음껏 펼치면서 나를 포함한 많은 어린이를 잠 못 들게 했다. 아서 클라크Arthur Clarker의 원작을 영화로 옮긴 스탠리 큐브릭 Stanley Kubrick 감독의 영화 〈2001: 스페이스 오디세이〉도 기술의 미래 전망을 이야기할 때 빠지지 않고 꼭 등장하는 작품이다. 아직 인류가 달에 착륙(1969)하기도 전인 1968년에 개봉되었지만, 목성 탐사 우주선을 조종하는 인공지능 할 Hal이 자신의 존재를 자각하고, 스스로 생각하기 시작하면서 생기는 일들을 실감 나게 묘사하고 있다. 지금 인공지능에 대해 많은 사람이 고민하기 시작한 현실적인 문제들을 무려 50년도 더 전에 상상으로 표현한 것이다.

많은 상상이 오가는 가운데 지금도 인간의 능력을 확장하고 싶은 의도는 기술진화에 큰 영향을 미친다. 챗GPT와 같은 거대 인공지능 언어 모델은 다양한 질문에 더 정교하고, 더 빨리 답하기 위해 무서운 속도로 초거대화되고 있다. 그 결과 거대 인공지능 모델들이 전 세계적으로 빨아들이고 있는 전력 에너지의 양이 기하급수적으로 늘어나고 있다. 차별화되고 싶은 욕구도 여전히 막강한 영향을 미친다. 인터넷 전자상거래 웹사이트를 방문하면 매일같이 저걸 왜 살까 싶은 희한한 물건이 등장하고, 최신 기술을 장착한 신상 제품을 오로지 남보다 먼저 가지기 위해 오픈런의 긴 줄이 생기고 있다.

전쟁은 기술진화의 연료

영화 〈오펜하이머〉는 전쟁이라는 긴박한 상황에서 기술이 얼마나 빨리 발전할 수 있는지를 인상적으로 그려낸다. 인간의 욕구를 가장 극명하고, 집약적으로 보여주는 장이 바로 전쟁이다. 적을 무찌르고, 정복함으로써 자신의 의지가 통합하는 범위를 확장하고자 하는 욕구는 인류가 탄생한 이래 거의 생물학적으로 각인되어 있는 강력한 선호다. 제2차 세계대전이 없었더라도 조합진화의 논리에 따라 언젠가는 핵분열 기술이 탄생했겠지만, 〈오펜하이머〉가 보여준 대로 13만 명의 인력과 당시 가치로 20억 달러가 넘는 돈을 집중적으로 투자했기 때문에 원자폭탄이 빠른 속도로 만들어질 수 있었다. 이 금액은 당시 미국의 국내총생산GDP의 1퍼센트에 해당할 정도였고, 현재 가치로 환산하면 280억 달러, 한화로 약 39조 원에 이른다. 다른 모든 일을 제쳐두고 이 하나의 기술을 만들어내기 위해 무지막지하게 자원을 동원할 수 있었던 것은 전쟁 승리라는 의지가 반영되었기 때문이다.

1950년대에서 1980년대 말까지 미국과 소련은 냉전 상태에 있었다. 서로가 군비경쟁에 갖은 노력을 다했고, 그 덕분에 오늘날 우리가 쓰는 많은 기술이 속속 탄생했다. 1957년 소련이 세계 최초로 스푸트니크라는 인공위성을 성공적으로 발사하자 미국은 충격에 빠졌다. 그 결과 소련에 뒤질 수 없다는 경각심이 높아졌고, 여러 대응 기술을 만드는 데 국가적 자원을 투입했다. GPS도 그 와중에 탄생했다. 윌리엄

귀에르William Guier와 조지 와이펜바흐George Weiffenbach는 스푸트니크가 쏘는 극초단파 신호를 포착할 때 신호가 짧아지다가 길어지는 현상을 발견했다. 구급차의 경적이 자기 쪽으로 올 때 높은 소리로 들리고, 멀어질 때 낮은 소리로 들리는 도플러효과가 인공위성이 지나가면서 내는 신호에서도 작용한다는 것을 알아챈 것이다. 이 원리를 이용해 조금만 계산해보면, 지구상의 특정한 곳에서 궤도를 돌고 있는 위성이 어디에 있는지를 파악할 수 있다. 이 원리를 반대로 적용하면 고정된 위치의 위성에서 지구상에 움직이고 있는 물체가 어디에 있는지를 파악할 수 있는데, 이 기술이 바로 지금 우리가 일상적으로 쓰고 있는 GPS다.

반도체도 마찬가지다. 진공관을 대체하는 반도체의 개념은 1947년 개발되었지만, 초기에는 보청기나 전화선의 품질 개선을 위한 부품 정도로 쓰였다. 그러나 냉전이 뜨거워졌고, 스푸트니크의 충격은 우주발사체 경쟁에 불을 붙였다. 조그만 기업이었던 페어차일드Fairchild반도체는 NASA와 미국 국방성으로부터 공격용 로켓의 유도 컴퓨터에 들어가는 반도체칩을 설계해달라는 주문을 받았다. 1958년 50만 달러에 불과하던 매출이 1960년에 2100만 달러로 급

성장했고, 수십 명에 불과하던 직원 숫자가 1,000명 규모로 확대되었다. 이때 페어차일드반도체처럼 NASA와 미 국방부의 주문을 받았던 기업들이 집중적으로 몰려 있던 곳이 바로 캘리포니아의 실리콘밸리 지역이었다. 세계의 기술혁신을 주도하고 있는 실리콘밸리는 알고 보면 제2차 세계대전과 이어지는 냉전의 최대 수혜자로 출발했다.

전쟁은 인간의 생존과 승리 의지를 갈아 만든 농축액과 같다. 이 의지는 자원 배분을 극단적으로 왜곡시켜 기술 발전에 투자하도록 유도하고, 그 결과 기술진화는 급속도로 빨라진다.

기술진화에 투영되는 인간사회의 불합리성

21세기 들어 가장 성공했다는 신약은 2023년 11월 미국 식품의약품안전청FDA의 승인을 받은 제약회사 일라이릴리 Eli Lilly의 비만치료제 젭바운드Zepbound다. 이 치료제 덕분에 일라이릴리의 시가총액은 1000조 원을 넘어섰다. 글로벌 제약사들이 내놓은 신약의 포트폴리오를 살펴보면 말라리아나 결핵 등 저개발국에 널리 퍼져 있는 질환보다 비만, 탈모, 특수 항암제 등 선진국의 소득 높은 사람들이 기꺼이

돈을 쓰고자 하는 질환에 대한 약이 단연 많다. 경제적 유인 구조가 이와 같이 형성되어 있기 때문에 전 세계의 많은 대학과 연구소에서 이루어지는 신약 관련 기초연구마저도 돈 되는 신약을 뒷받침하는 쪽으로 쏠리기 마련이다. 인간의 생명을 숫자로 헤아리는 것이 타당하지 않을지 모르지만, 신약으로 목숨을 건질 수 있는 사람의 숫자를 생각한다면 저개발국에 만연한 질병에 대해서 지금보다 훨씬 더 많은 기술 개발 노력을 기울여야 하는 게 당연하다. 그러나 현실은 그렇지 못하다. 인간사회에 존재하는 불합리한 인식이 기술진화의 방향에 투영되어 기술마저도 부자들에게 더 봉사하는 방향으로 진화하게 된다. 다시 말하면 기술이 편향된 영향을 주는 것처럼 보이는 건 기술 탓이 아니라 그 기술 이면에서 기술의 진화와 활용 방향을 추동하고 결정하는 인간사회의 편향 때문이다.

인간사회의 선호 체계와 의사결정 방식에는 수학 교과서에 나와 있는 논리처럼 똑 떨어지게 설명되지 않는 부분이 많다. 선입견과 편향이 있고, 통계적 오류나 착시, 휩쓸림과 유행에도 민감하다. 기술은 텅 빈 공간에서 진화해나가는 것이 아니라 인간사회가 가진 이 모든 편향이 투영된 선호의 지평선 위를 지나가면서 미로 찾기를 하는 것이다. 그런 데 인간이 기술진화에 영향을 미치지만, 반대로 기술진화가 인간에 미치는 영향도 있다.

4
기술진화가
인간사회에 미치는 영향

생물진화가 환경에 미치는 영향

지구상에 생명의 원초적인 형태는 약 38억 년 전 탄생한 것으로 알려져 있다. 그 후 한참의 세월이 흐르고 약 24억 년 전 남세균cyanobacteria이 등장했다. 남세균은 광합성을 통해 산소를 내뿜기 시작했다. 그 결과 지구 대기에 산소가 축적되기 시작했는데, 이를 대산소화 사건Great Oxidation Event 이라고 한다. 지구에 산소가 풍부해지면서 진핵세포생물에서 단세포생물로, 다시 다세포생물로 이어지는 거대한 진화의 수레가 빠른 속도로 돌기 시작했다. 이처럼 자연이 생물 진화의 선택 환경을 결정하지만, 역으로 생물이 선택 환경 자체에 영향을 미치기도 한다. 이를 에코시스템 엔지니어링

eco-system engineering이라고 한다.

영어 관용구 중에 "비버처럼 바쁘다Busy as a beaver"라는 표현이 있다. 비버는 정말 바쁘다. 틈만 나면 주변의 나무를 채집해 와서 댐을 짓는다. 수위가 어느 정도 올라가면 호수 가운데로 헤엄쳐 가야 겨우 물밑으로 출입할 수 있는 안전한 나무 집을 짓고 산다. 비버의 신기한 댐 짓기는 주변 습지의 생태계를 바꾸어놓는다. 변화된 환경은 비버의 행동에 다시 영향을 미쳐 댐을 짓는 장소나 모양이 달라진다. 비버와 주변 환경이 서로 영향을 주고받으면서 같이 진화하는 것이다. 비버의 댐 짓기 행위는 인간사회에도 영향을 준다.

비버가 만든 댐

주변에 나무가 모자라면 비버가 사람들이 애써 키운 과실수를 갉아 베어 가기도 하고, 비버 댐으로 인해 홍수가 나거나 도로에 싱크홀이 생기기도 하며, 취수원을 막는 일도 흔히 일어난다. 이에 대응해서 사람들은 비버의 댐을 주기적으로 파괴하기도 하고, 비버의 이동 경로를 차단하기도 한다. 비버는 서식 환경으로서 인간사회와 역시 영향을 주고받고 있다. 생명 진화의 에코시스템 엔지니어링의 결과다.

기술진화와 진화 환경으로서 인간사회의 변화

기술진화도 마찬가지다. 기술진화에 인간사회의 의지가 선택 환경으로서 결정적 영향을 미치지만, 그 반대로 새로운 기술의 등장은 인간사회 자체를 바꾼다. 이에 따라 기술진화의 경로와 속도 자체가 다시 영향을 받는다.

등자鐙子 기술의 출현으로 중세사회의 여명이 밝았다는 주장이 좋은 예다. 말을 탈 때 떨어지지 않으려면 안장에 연결된 등자에 발을 꼭 끼워 넣어야 한다. 이 사소한 기술은 4세기에서 5세기 무렵에 중국 근방에서 발명되었다고 알려져 있다. 등자가 있으면 말 위에서 활을 쏘거나 여러 전투 행위를 자유롭게 할 수 있기 때문에 보병이나 등자 없이 말 위에 위태롭게 올라탄 기병을 손쉽게 무찌를 수 있었다. 6세기경 동서의 교차점이었던 비잔티움을 통해 유럽으로 전파된 등자 기술 덕분에 긴 창으로 무장한 강력한 기병이 위력을 떨치기 시작했다. 기병은 유지하는 데 비용이 많이 들었기 때문에 말을 탄 기사가 독립된 사업주처럼 봉건영주에게 충성을 맹세하고, 그 대가로 영주는 기병에게 기사작위와 토지를 내려주는 일종의 계약관계가 성립한다. 이런 기사들을 거느리고 자체 방위력을 행사할 수 있는 영주들이 느슨한 충성 관계로 왕과 관계를 맺게 된 것이 바로 중세 봉건제도다. 유럽 전역에 봉건제가 보편화하면서 수많은 영주와 왕이 서로 얽혀 빈번하게 전쟁을 하게 되었고, 튼튼한 성곽을 축조하는 기술과 그런 성곽을 깨뜨릴 수 있는 대포 기술이 경쟁력으로 진화했다. 등자가 인간사회를 변화시키고, 인간사회가 다시 새로운 기술을 낳는다는 이 이야기는 사실 역사를 지나치게 간소화한 것이기도 하고, 흔히 말하는 기술결정론에 가까운 단순한 논리이기도 하다. 하지만 기술과 인간사회의 에코시스템 엔지니어링, 즉 공진화 관계를 보여주기에 충분한 사례다.

현대에 들어서도 이러한 관계는 쉽게 관찰된다. 20세기

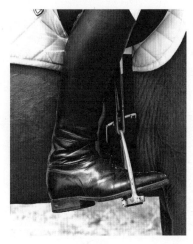
말의 등자

자동차의 등장은 교외 도시의 발달을 촉진했고, 자동차를 소유한 중산층이 먼저 교외 도시로 옮겨갔다. 도심에 남은 가난한 사람들은 슬럼가를 형성했다. 교외 도시는 거대한 주차장을 갖춘 외곽의 대형 쇼핑몰을 탄생시켰고, 이 공간을 채울 극장과 다양한 소비 거리는 대중 소비문화의 발원지가 되었다.

자동차 기술이 인간사회의 물리적 공간을 크게 변화시켰다면, 인터넷 기술은 가상공간에서 혁명적 변화를 일으켰다. 인터넷에 연결되기만 하면 지구상의 어디에 있는 누구와도 24시간 접속할 수 있는, 거리의 소멸을 몸으로 체감하게 되었다. 입에서 입으로 느리게 전해지던 소식은 이제 눈 깜짝할 시간에 수십만 명에게 전파될 수 있게 되었다. 이 수요 덕분에 인터넷 기술은 더 가속적으로 발달했다. 심지어 이 기술 때문에 혁명이 일어나기도 한다.

2010년 12월 튀니지의 한 도시인 시디부지드에서 26세의 노점상 청년 무함마드 부아지지Muhammad Bouazizi가 부패한 경찰의 부당한 단속에 항의하면서 분신하는 사태가 일어났다. 그의 안타까운 죽음을 애도하는 시위가 전국적으로 들불처럼 일어났다. 추모 시위의 시간과 장소는 사람들이 손에 쥔 휴대전화 메시지를 타고 실시간으로 퍼져나갔고, 덕분에 시위는 점점 더 조직화하고 규모가 커졌다. 마침내 2011년 1월, 23년 동안 집권하던 벤 알리Ben Ali 대통령이 망명하면서 독재정권이 붕괴하게 되었다. 튀니지의 나라꽃이 재스민인 것을 본떠 이 사건을 재스민혁명이라고 부른다. 재스민혁명의 소식은 역시 휴대전화 메시지에 실려 비슷한 상황에 놓여 있던 이웃 국가들로 급속도로 퍼졌다. 2011년 2월 11일 이집트의 무바라크Mubarak 독재정권이 무너졌고, 같은 해 10월 20일 리비아, 2012년 2월 27일 예멘의 독재정권이 퇴출당했다. 이 일련의 사태를 묶어 '아랍의 봄'이라고 한다. 휴대전화 메시지가 아니라 입에서 입으로 소식이 전해졌다면, 이 일련의 사태는 수 세기 동안 천천히 일어났거나 아니면 소식이 전해지는 도중에 불길이 꺼졌을지도 모른다. 이처럼 하나의 기술은 인간사회에 혁명을 불러오기도 한다.

기술이 미치는 긍정적·부정적 영향

비버의 댐 짓기가 인간사회를 포함한 생태계에 긍정적 영향을 미칠까, 부정적 영향을 미칠까? 사실 이 질문은 그 자체로 정확하지 않은 표현이다. 장기적인지 단기적인지, 또 누구의 관점에서 본 영향인지에 따라 달라지기 때문이다. 기술이 인간사회에 미치는 영향도 마찬가지다. 휴대전화 메시지를 실시간으로 주고받을 수 있는 기술은 아랍 사회에 혁명의 불꽃을 가져왔지만, 그 후에 밀려온 반혁명의 분위기도 같은 기술을 타고 확산되었고, 아랍의 봄은 완전히 만개하지 못한 채 여전히 미완이거나 다시 겨울로 돌아가기도 했다. 기술의 영향이 특히 장기적 관점에서 긍정적인지 부정적인지를 명확히 판단하기 어려운 것은 기술과 인간사회가 복잡계적 관계이기 때문이다. 즉 하나의 사건이 다른 사건에 영향을 미치고, 연쇄적으로 다른 사건들의 스위치를 끄고 켜면서 파급되어 나가기 때문에 결국 하나의 기술로 어떤 결과가 초래될지를 예상하는 것은 불가능하다.

그러나 몇 가지 큰 추세적 영향에 대해서는 비교적 분명하게 말할 수 있다. 우선 기술은 인간의 능력을 확장해온 것이 분명하다. 최근 NASA가 공개한 탐사 로버 '큐리오시티Curiosity'는 화성 표면에 수십억 년 전 모종의 액체 호수의 파도가 만들어낸 것으로 추정되는 물결무늬의 침전된 흙 모양을 보여주었다. 인간이 가볼 수 없는 그 먼 곳에서 온 사진 한 장은 인간의 눈이 5000만 킬로미터 이상을 뻗어나가 무언가를 보았다는 의미다. 기술 덕분에 인간의 시각이 확장된 것이다.

바이오 기술의 진화는 인간의 자연 수명이라고 하는 120세를 누구나 기대할 수 있는 시대로 이끌고 있다. 이것은 치료할 수 있는 질병 때문에 잠재력을 충분히 발휘하지 못하고 불행하게 생을 마감하는 일은 없어질 것이라는 의미다. 또한 진화한 기술은 신체적 장애로 억눌려 있는 사람들의 숨은 잠재력도 아낌없이 발휘될 수 있도록 할 것이다. 휴머노이드로봇은 신체를 혹사해야만 하는 단순 반복 작업을 대신해주고, 화학물질로 가득한 위험한 현장에 인간을 대신해 걸어 들어갈 것이다. 기술의 진화는 인간의 능력을 확장해주는 측면이 분명 있다.

그러나 반대로 기술이 인간사회에 부정적 영향을 미치는 몇 가지 분명한 추세도 있다. 대표적인 사례가 과학적 사실로 검증된 지구온난화다. 산업화가 본격화되기 이전에 비해 지구의 평균기온이 1도 이상 상승한 것으로 보고되고 있고, 지금과 같은 추세가 계속된다면 2050년 정도에는 1.5~2도 기온이 높아질 것으로 예상된다.[6] 지금 전 세계가 이미 겪고 있는 폭우, 홍수, 가뭄 등 이상기후 현상이 극단적으로 심해지고, 해수면 상승으로 많은 인류가 삶의 터전을 잃을 것이다. 기술 발전이 에너지와 자원의 기하급수적인 소모를 촉진하면서 지구환경에 부정적 영향을 미쳤다는 점에 대해서는 논란의 여지가 없다.

폐플라스틱 문제도 마찬가지다. 전 세계적으로 매년 약 4억 톤의 플라스틱 폐기물이 발생하는데, 90퍼센트는 재활용되지 않고 자연생태계에 축적되고 있다. 이런 추세가 계속된다면 2060년에는 플라스틱 폐기물이 지금의 세 배에 달할 것으로 전망된다.[7] 지금도 태평양에 우리나라 면적의

태평양의 쓰레기 섬

약 열다섯 배가 되는 거대한 플라스틱 섬이 떠돌아다니는데, 그 크기도 따라서 더 커질 것이다.

환경문제뿐 아니라 동질성을 부추기는 알고리즘을 포함하고 있는 소셜미디어 기술의 부정적 영향도 빼놓을 수 없다. 생각이 다른 사람을 배척하고 적대시하는 사회 분열 현상이 날로 심각해지고 있다. 생각이 다른 집단의 존재는 언제나 있었지만, 대체로 양극단이 적고 중도적 의견을 가진 사람이 많은 분포를 보여왔다. 그 덕분에 사회는 극단적 의견의 존재에도 불구하고 비교적 안정적으로 진화해왔다. 그러나 소셜미디어 기술은 자신과 생각이 같은 사람의 의견을 더 많이 들을 수 있도록 알고리즘을 내포함으로써 극단화를 부추긴다. 최근에는 인공지능 기술을 활용한 딥페이크 deepfake 동영상이 사회에 미치는 부정적 영향도 더 크게 부각되고 있다.

기술진화는 빈부의 격차가 심화하는 양극화된 사회의 원인으로 꼽히기도 한다. 구글, 아마존 등 이른바 빅테크 기업이 주도하는 미국 사회를 예로 들더라도 CEO와 일반 근로자 간의 임금 차이가 300배 이상 벌어지고 있고, 상위 10퍼센트의 가구가 자산의 70퍼센트를 소유하는 극단적인 부의 양극화 현상이 벌어지고 있다.[8] 국가 간에도 선진국과 저개발국의 소득격차 역시 더 크게 벌어지고 있다. 이러한 현상이 초래된 여러 원인이 있지만, 가입자가 많아질수록 서비스의 효과가 커지는 정보 기술의 특성, 즉 네트워크 효과 때문에 소수의 기술 개발자와 기업이 대부분 이익을 거두어가는 구조가 강화되었다는 데 많은 사람이 의견을 같이하고 있다.

기술은 인간사회와 분리되어 독립적인 공간에 존재하는 것이 아니라 인간사회와 섞여 어떤 식으로든 직간접적인 영향을 미치고 있다. 기술의 긍정적 영향을 높이고, 부정적

영향을 제어하기 위한 인간사회의 반응이 기술규제regulation
다. 미국 FDA의 신약승인 과정이 대표적인 경우다. 전 세계
수만 곳의 실험실에서 새로운 효능이 있는 약의 후보, 즉 신
기술을 만들어내지만 그 대부분은 FDA의 규제 장벽을 넘
지 못한다. FDA는 새로운 약의 제안이 왔을 때 정해진 절
차에 따라 시험하게 하고, 그 결과를 바탕으로 새로운 신약
이 인간사회에 쓰여도 되는지를 판단한다. 매년 40~50개가
최종적으로 신약 승인을 받지만, 처음 제안된 건수는 수만
건이 넘는다. 신약뿐 아니라 시장에서 거래되는 새로운 휴
대전화, 새로운 플라스틱 기구, 새로운 유전자조작 식품, 새
로운 태양광시스템 등 모든 제품은 어떤 형태로든 기술규
제를 받는다. 신기술이 아무 규제도 받지 않고 인간사회에
바로 쓰이게 되는 것은, 비유하자면 옷을 입지 않고 길거리
를 돌아다니는 것과 같다. 인간사회는 기술진화가 미치는
영향을 통제하기 위해 여러 규제 장치를 마련해온 것이다.

5
인공지능은 기술의 미래를 어떻게 바꿀까?

기술진화의 속도를 높이는 인공지능

"언어는 존재의 집이다." 철학자 마르틴 하이데거Martin Heidegger가 인간의 본질을 요약한 문장이다. 인간은 언어를 통해 자신의 존재를 고찰하고, 상상하고, 의사소통한다. 역으로 말하면, 인간처럼 언어를 사용하는 그 어떤 존재가 있다면 인간이라고 간주해도 된다는 뜻이다. 생성형 인공지능은 언어를 '인간처럼' 처리하고 사용한다. 따라서 생성형 인공지능은 인간의 사고를 모사하고 있고, '인간처럼' 상상하고 의사소통한다. 인간처럼 보인다는 것이지 결코 인간은 아니다. 그러나 생성형 인공지능을 옆에 두고 대화를 나누다 보면, 그 자리에 마치 인간이 있는 것처럼 여겨지기도 한다.

인간이 만든 기술은 인간의 근육을 대체해왔고, 시각을 포함한 인식 기능을 확장해왔으며, 논리적 계산 능력을 대신해왔다. 생성형 인공지능은 이러한 기술진화의 자연 궤적에서 마지막이라고 할 수 있는 인간의 언어능력을 가장 근사하게 모사하고 있다. 기술진화의 단계를 생각해보면 인간과 기술과의 공진화에서 거의 마지막 단추를 채운 것이라 할 수 있다.

생성형 인공지능은 인간의 사고를 점점 더 완벽하게 모방하면서 기술진화에 새로운 추세를 가져올 것으로 예상된다. 기술진화의 원리를 다시 생각해보면, 많은 조합을 해보고 시행착오를 범하면서 가능한 해법을 찾고, 만들어진 기술을 여러 곳에 활용할 수 있는 굴절적응의 가능성을 탐색해야 한다. 이 과정을 꾸준히 축적하면서 기술진화의 계단을 한 칸씩 힘겹게 오르는 것이다. 이 모든 과정에 인간의 노력과 시간이 필요했는데, 생성형 인공지능은 그 과정을 결정적으로 단축해줄 것으로 기대된다.

일반적으로 새로운 소재 하나를 만들기 위해서는 평균 18년 정도가 소요되는 것으로 알려져 있다. 이런저런 소재를 섞어 새로운 물질을 만들고 테스트하는 데 이렇게 오랜 시간이 걸린다. 이 일을 잘 훈련된 생성형 인공지능에게 시키면 아주 짧은 시간에 수많은 조합을 만들고 테스트하는 과정을 빠르게 시뮬레이션하면서 좋은 대안을 찾아줄 수 있다. 신약을 만드는 과정도 마찬가지다. 특정한 병증에 도움이 될 만한 수만 개의 신약 후보 물질을 하나씩 테스트하면서 대안을 찾고, 다시 테스트하면서 개선해나가는 과정에 10년 이상의 과정과 수조 원의 비용이 든다. 이것도 역시 생성형 인공지능이 잘할 수 있는 과업이다.

신소재 개발이나 신약 후보 탐색뿐 아니라 이미 많은 분야에서 새로운 기술의 대안을 찾는 데 인공지능을 도입하고 있다. 칩 설계도 예외가 아니다. 구글은 2021년 인공지능용 칩을 설계하면서 마치 알파고가 바둑을 두는 것과 같은 방식으로 설계했다.[9] 알파고의 작동 원리를 단순화시켜 표현하자면, 바둑의 기보를 많이 학습한 다음 바둑돌을 놓을 수 있는 특정한 위치에 돌을 두었다고 생각하고, 그다음에 어떻게 바둑돌이 놓일지를 계속 가정하면서 끝까지 전개되었을 때 승리할지 패배할지를 계산한다. 이 과정을 수없이 반복해서 승리 확률이 가장 높은 자리를 선택해 돌을 놓는다. 구글은 칩을 설계할 때 이런 방식으로 기존의 칩 평면 배치 설계 1만 종을 학습시켰다. 그다음 칩 위에 트랜지스터를 포함한 수많은 부품의 위치와 배선을 여러 번 반복해서 배치하는 과정을 가상적으로 시뮬레이션하고, 매번 성과를 테스트하는 과정을 반복한 다음 가장 성능이 좋은 설계도를 골라냈다. 이 가상적 시뮬레이션을 얼마나 반복해야 할까? 바둑판의 경우 최대 10의 360승 정도의 가능성이 있는데, 구글의 인공지능 칩 배치 설계에서는 이론적으로 10의 2,500승 정도의 가능성을 검토해야 한다. 물론 이 많은 가능성을 다 테스트해볼 수는 없으니 그 과정을 단축하는 여러 알고리즘을 쓰지만, 중요한 것은 가능한 한 많이 테스트해보고, 그중에서 고르는 게 더 성능이 좋을 수 있다는 사고방식이다. 재미있는 사실은 인간이 만든 설계에 비해 인공지능의 설계도는 반듯하지 못하고 삐뚤빼뚤한 모양을 보인다는 점이다. 그럼에도 우수한 인간 연구원들이 수개월 동안 해야 할 작업을 단 여섯 시간 만에 해냈다. 물론 이렇게 설계한 반도체칩의 성능도 더 뛰어났다. 이 사례는 수많은 시행착오를 인공지능을 활용해서 압축적으로 해낼 수 있다는 것을 잘 보여주고 있다. 이처럼 앞으로 거의 모든 신기술 개발 현장에서 인공지능을 활용하는 것은 상식이 될 것이다. 이를 바탕으로 기술진화의 속도는 전례 없이 빨라질 것이다.

인공지능의 문제

인공지능이 인간이 생각할 수 없는 속도로 새로운 기술을 만들어낼 가능성은 이미 여러 사례에서 확인되고 있다. 그러나 그림자가 없는 햇볕이 없듯이 인공지능이 가져올 어두운 그림자도 이미 모습을 드러내고 있다.

당장 전력 소모량이 문제다. 2022년 기준으로 구글, 마이크로소프트, 아마존 등 데이터 관련 빅테크 기업이 운영하는 글로벌 메가 데이터허브들에서 사용한 전력량이 300테라와트시TWh 정도일 것으로 추산하고 있다. 이는 전 세계 전력 소비량의 1퍼센트에 해당한다. 2026년에는 1,000테라와트시가 될 것으로 예상하는데, 그 상승 추세는 기하급수적일 것으로 예측된다.[10] 이 무지막지한 전력 소비량을 인류와 지구가 감당해낼 수 있을지는 의문이다.

인공지능이 보이는 편향성도 문제다. 인공지능이 제 기능을 발휘하려면 주어진 데이터로 학습해야 하는데, 기존의 학습 데이터가 인간이 가진 온갖 종류의 편향으로 왜곡되어 있기 때문이다. 설명 불가능성도 문제다. 인공지능이 어떤 해법이 좋겠다고 제안했을 때 그 결과에 이르는 과정이 블랙박스화되어 있어 인과관계를 설명해주지 않기 때문에 그 제안을 인간이 받아들여야 하는지는 여전히 의문이다.

인간처럼 사고할 수 있다는 점은 역설적으로 인간만이 할 수 있다고 생각하던 많은 업무를 인공지능이 대체할 수 있다는 의미이기도 하다. 과거 기계가 인간의 근육노동을 대체했다면, 인공지능이 지식노동의 상당 부분을 대체할 것이라 예상되고 있다. 이러한 상황에서 인간과 인공지능 사이에 어떤 분업이 바람직할지 고민을 하기도 전에 빠른 속도로 인공지능에 의한 인간의 대체가 이루어지고 있다. 2023년 1월 마이크로소프트는 1만 명을 해고했고, 페이스북과 인스타그램으로 유명한 메타도 2024년 3월 1만 명 규모의 해고 계획을 알렸다. 글로벌 기술 기업의 감원 현황을 추적하는 사이트에 따르면 2023년에만 26만 명이 이른바 빅테크 기업에서 해고된 것으로 알려져 있다.[11] 경기 불황을 이유로 드는 사람도 있지만, 프로그램 코딩이나 마케팅 등 전통적으로 인간의 영역으로 알려진 부문에서 인공지능이 급속히 영향력을 넓힌 탓이라고 분석하는 전문가가 더 많다. 코딩 업무에서 나온 사람들이 다른 업무로 전직하면 되지 않느냐고 쉽게 말할 문제가 아니다. 인간은 소프트웨어를 까는 즉시 다른 일을 할 수 있는 컴퓨터와 달라서, 코딩을 하던 사람이 다른 일을 한다는 게 쉬운 일이 아니다. 인간이 아직 준비를 채 하기도 전에 인공지능이 너무 빠른 속도로 인간의 일을 대체해나가고 있다.

인공지능의 미래와 인간의 고유함

인공지능은 머지않아 인간사회의 운영체제Operating System가 될 것이다. 운영체제가 된다는 것은 더 이상 그 존재를 신경 쓰지 않는다는 뜻이다. 지금도 컴퓨터로 문서 작성을 하고, 계산을 하고, 이메일을 주고받는 등 여러 가지 일을 할 때 그 가장 밑바닥에 윈도 운영체제가 깔려 있다는 것을 의식하는 사람은 거의 없다. 인공지능도 컴퓨터의 각종 프로그램뿐 아니라 가전제품과 자동차, 대중교통, 행정 체제, 교육 분야의 전반에 스며들어 보이지 않는 방식으로 작동할 것이다. 인간사회는 인공지능이라는 운영체제 위에서 돌아갈 것이다.

이때 역설적으로 중요해지는 것은 인간의 고유한 의지와

그것을 반영한 창작물이다. 인공지능이 톨스토이 스타일로 소설을 쓰고, 애플 스타일로 디자인을 한다고 하지만, 이것은 톨스토이의 고유한 문체가 있고, 애플의 미니멀리스트적 디자인 스타일이 있기 때문에 이를 학습한 결과다. 최근 인공지능의 지능이 떨어지고 있다는 보고가 심심찮게 나오는데, 이는 인간의 고유한 창작물이 상대적으로 부족해지기 때문이다. 즉 인공지능을 학습시킬 때 인간이 고유하게 만든 창작물보다 인공지능이 만들어낸 복제품의 비율이 높아지고 있기 때문이라는 분석이다. 비유하자면 새로운 경험을 하지 않고, 골방에서 혼자 자기가 만들어낸 결과물을 보면서 또 학습하고, 그 결과 비슷한 복제물을 계속 만들어내고 있는 것과 같다.

인공지능이 기술진화를 가속한다는 관점에서도 마찬가지다. 새로운 기술의 아이디어를 빠르게 제시하는 것 같지만, 인간의 고유한 의지와 독창적 시도가 계속 투입되지 않는다면 자가학습만 계속하면서 해답의 수준이 떨어지는 악순환을 반복할 수밖에 없다. 인공지능의 시대가 본격화될수록 인간의 고유한 의지와 창의가 더 중요해질 수밖에 없다.

6
미래를 예측하는 법:
백캐스팅

어려운 기술 예측

1994년 《타임》은 인터넷이 큰 영향을 미치지 못할 것이라는 특집기사를 내보냈다. 상거래를 한다는 건 말이 되지 않고, 특히 젊은 층이 인터넷 기술을 멋진 것으로 받아들이지 않을 거라는 주장을 폈다. 그러나 같은 해 아마존이 탄생했고, 2년 뒤에는 구글의 역사가 시작되었다. 기술의 역사에는 이처럼 어처구니없는 예측 실패가 가득하다. 19세기 최고의 물리학자였던 윌리엄 톰슨William Thomson은 공기보다 무거운 비행기가 불가능할 것이라고 했고, 초창기 IBM을 이끌었던 토머스 왓슨Thomas Watson은 1943년 지구상에는 다섯 대 정도의 컴퓨터면 수요가 충분할 것이라고도 했다. 미래를 내다보는 능력으로는 비교할 사람이 없을 빌 게이츠Bill Gates도 1981년 PC에 637킬로바이트KB 이상의 메모리가 필요 없을 것이라는 황당한 주장을 했다. 이처럼 최고의 전문가에게도 기술의 미래를 예측한다는 것은 어려운 일이다. 예측이 어려운 이유는 기술이 인간사회와 서로 영향을 주고받으면서 진화하는데, 그 관계가 너무 복잡하기 때문이다.

생물진화에서 예측은 금기시되는 개념에 가깝다. 우연과 우연이 겹치는 변이와 선택의 과정에서 어떤 종이 탄생할 거라는 언급은 해변에서 여기에 바늘이 있을 것이라고 꼭 집어 말하는 것만큼이나 어려운 일이다. 이를 달리 표현한다면, 호모사피엔스가 돌도끼를 든 순간부터 지금까지의 역사를 되돌려 다시 한 번 반복한다고 할 때 2007년 시점에 딱 맞추어 아이폰이 그런 모양으로 등장할 확률은 거의 제로에 가깝다는 뜻이다.

그러나 큰 방향은 대체로 유사할 것이다. 기술의 자연 궤적과 앞서 말한 진화의 패턴을 생각한다면 어느 시점엔가는 아이폰과 똑같은 모양은 아니겠지만, 손에 들고 다니는 범용의 소통 도구가 등장했을 것이다. 챗GPT는 아니겠지만, 인간처럼 언어를 구사하는 인공지능도 등장했을 것으로 예상할 수 있다. 그래서 기술진화의 원리는 기술의 미래 방향을 읽어내는 데 도움이 될 수 있다.

미래를 예측하는 최고의 방법은 미래를 만드는 것

다른 한편으로 생각하면 기술의 미래가 어떻게 될지를 수동적으로 예측하려고 애쓸 필요가 없다. 기술이 진화하는 데 가장 중요한 환경이 바로 인간사회이기 때문이다. 즉, 인간이 원하는 방향으로 기술이 진화하는 경향이 있다는 뜻이다. 앨런 케이Alan Kay가 말한 "미래를 예측하는 최고의 방법은 스스로 미래를 창조하는 것이다".

계곡의 굴곡을 따라 물이 흘러가듯, 기술은 인간사회가 가진 선호와 편향이라는 지형도를 따라 진화한다. 따라서 인간이 가진 기술의 포트폴리오는 인간사회의 사고 구조를 그대로 반영하고 있다. 예를 들어 중국의 항해 기술이 급속하게 진화하다가 갑자기 멈춘 것도 인간사회의 특정한 의지가 강하게 발현되었기 때문이다. 중국 명나라(1368~1644)의 영락제 때 1405년부터 1433년까지 정화의 지휘하에 일곱 차례에 걸쳐 대항해 프로젝트를 진행했다. 이 대항해를 이끌었던 사령관이 환관이자 군인이었던 정화였고, 그래서 이 항해를 '정화의 대원정'이라고 부르기도 한다. 300척의 선단으로 구성되었는데, 가장 큰 배는 길이가 120미터, 폭이 50미터에 달했고, 2,500톤의 화물을 실을 수 있었다. 비슷한 시기에 콜럼버스가 아메리카대륙을 발견할 때 선단은 세 척이었고, 그중 가장 큰 배였던 산타마리아호의 크기가 겨우 길이 19미터, 폭 5.5미터였으며, 실을 수 있는 화물 무게는 고작 100톤이었다.[12] 당시 최첨단 기술의 종합체였던 정화의 함대는 동남아시아와 서아시아를 포함해 동아프리카까지 이르는 광범위한 지역을 방문한 최초의 글로벌 원정대였다. 그러나 이 항해 기술은 곧 사그라지게 되는데, 기술이 아니라 인간의 의지가 문제였다. 중국의 지배층은 해외 진출보다 국내의 정치와 군사 문제에 집중하는 것이 중요하다고 생각했고, 상업보다 농업과 자급자족을 강조하는 유교적 덕목을 강조하면서 바다로 나가는 것을 금하는 해금海禁 정책을 시행했다. 대항해와 같은 프로젝트에 국가적 지원을 중지하고, 배를 해체해 땔감으로 썼다. 그 결과 한동안 중국의 조선과 항해 기술은 진화가 아니라 퇴화의 과정을 겪었다. 이런 사례는 기술이 저절로 진화하는 게 아니라 인간사회가 무엇을 원하는지에 따라 발전한다는 것을 잘 보여준다.

포캐스팅이 아니라 백캐스팅

미래를 예측하는 일을 포캐스팅forecasting이라고 하는데, 기술의 미래를 예측하는 데는 백캐스팅backcasting이 더 중요하다. 백캐스팅은 우리가 소망하는 미래 인간사회의 모습을 상상하고, 그것을 달성하기 위해 지금부터 단계별로 무슨 기술이 필요할지, 거기에 맞추어 어떤 제도 변화가 필요한지를 역으로 정해나가는 것이 핵심이다. 포캐스팅이 지금까지의 추세를 연장해 미래를 짐작하는 수동적인 과정이라면, 백캐스팅은 인간의 의지를 담은 미래의 비전으로부터 현재의 전략을 정해나가는 적극적인 과정이다. 동물도 원초적인 수준에서 포캐스팅을 하지만, 결정적으로 백캐스팅을 하지는 못한다. 오직 상상하고 소망하는 힘을 가진 인간만이 백캐스팅을 할 수 있다.

생물의 진화에서는 백캐스팅이 불가능하다. 자연은 그 자체로 미래의 어떤 상태를 소망하지 않기 때문이다. 그러나 인간의 의지가 중요한 기술의 진화에서는 백캐스팅을 할 수 있고, 해야 한다. 백캐스팅의 관점을 생각하면 기술진화에서 과학기술적 지식 못지않게 인문적 통찰이 중요하다는 것을 알 수 있다. 바람직한 사회에 대한 합의를 이루고, 이를 위해 더 많은 실험이 이루어질 수 있도록 기술진화의 환경을 만드는 것이 기술의 진화를 적극적으로 이끌어가는 방법이다.

과학자를 꿈꿨던 사람들의 공통된 추억

과학자의 꿈을 품고 이공계로 진로를 선택하는 많은 청소년에게 아인슈타인은 전설이다. 대부분은 어린 시절 그의 전기를 읽고 꿈을 키운다. 나도 그런 사람 중 하나였다. 초등학교 때 나이에 걸맞지 않게 제법 두꺼운 아인슈타인 전기를 끼고 살면서 푹 빠졌던 시기가 있었다. 마무리가 제대로 되지 않은 제본 탓인지 낱장이 떨어질 정도로 거듭 읽었던 기억이 난다. 상대속도가 어떻다는 둥 잘 이해하지도 못한 말을 주워 담으면서 온갖 아는 척을 했고, 과학잡지에 발명 아이디어를 투고하느라 우푯값 깨나 들였다. 과학자의 꿈을 꾼 아이들이라면 한결같이 공유하는 추억이다. 고등학

교 이과반을 거쳐 자연스럽게 공학을 전공으로 선택했다.

이러저러한 과정을 거쳐 대학원을 진학하고, 박사학위 논문을 썼다. 내 박사학위 논문의 주제는 여러 대안이 서로 다른 특징을 가지고 있을 때 무엇이 더 우월한 것인지를 수학적 모형으로 계산하는 것이다. 모형을 조금씩 바꾸면 여러 응용 분야에 적용할 수 있다. 예를 들어 반도체칩을 설계할 때 소자 간의 어떤 연결 조합이 전력 소모와 속도 등 여러 측면에서의 종합적 성능이 더 뛰어난지를 판별할 수 있다. 로봇시스템을 채택해야 할 때 어떤 로봇이 속도와 안정성, 정밀성 등 여러 측면을 고려할 때 더 나은 대안인지도 판단할 수 있다. 심지어 투자 의사결정에서 어떤 펀드가 안정성과 수익성 측면에서 다른 펀드보다 더 좋은지도 분석할 수 있다. 가장 중요하게는 여러 복잡한 특성을 가진 기업이나 국가의 경쟁력도 종합적인 관점에서 분석할 수 있다. 오랫동안 재미있게 연구했고, 교과서도 썼다. 여러 연구 주제 중에 특별히 국가 간 기술경쟁력의 비교와 관련된 논문을 여러 편 썼다. 그러면서 자연스럽게 한 가지 질문이 계속 머릿속을 맴돌았다. 우리나라에서는 왜 아이폰과 같은 혁신적 기술이나 제품이 먼저 탄생하지 않는 것일까? 다시 말하자면 왜 스티브 잡스가 아이폰이라는 새로운 개념을 제시하고 나서야 재빨리 개념을 수입해서 더 좋은 성능의 스마트폰을 만드는 데 진력하는 것일까?

한국 기업이 새로운 개념 설계를 내놓지 못하는 이유

이런 안타까움을 안고 연구를 계속할수록 한국 기업도 남부럽지 않은 혁신적 기술을 창출할 수 있는 방법이 없을까 하는 질문은 점점 더 커졌다. 역시 해답의 실마리는 기술 개발의 현장에 있었다. 수백 군데의 현장을 방문했고, 수백 명의 과학자와 기술자 그리고 경영 의사결정자를 만났다. 용접 불꽃이 튀는 해양플랜트 건설 현장이나 실험복을 입고 현미경을 들여다보고 있는 생물학 연구실이나 현장의 모습은 다 다르지만 저마다의 비전을 갖고 새로운 아이디어 찾기에 정신이 없었다. 그러나 안타깝게도 한결같이 한 가지 공통적인 문제를 안고 있었다. 선진국의 완성된 개념 설계를 빠르게 도입해서 실행하는 데 집중하는 관행을 벗어나지 못하고 있다는 점이었다.

자연스럽게 떠오르는 다음 질문은 선진국이 턱턱 내어놓는 이 독창적 개념 설계라는 것이 어떻게 탄생하는가였다.

지루한 암중모색의 과정을 거쳐 해답의 실마리를 찾았다. 도전적 시행착오를 축적하는 것이 유일한 길이었다. 전례는 없지만, 일단 새로운 일을 해보겠다고 제안하는 것이 혁신의 시작이다. 첫 번째 시도의 결과가 비록 만족스럽진 않겠지만, 시행착오를 쌓아가면서 조금씩 완성에 다가가는 스케일업 과정을 버텨내야 한다. 우리나라의 기술 개발 현장에는 이 도전적 질문과 스케일업의 시행착오를 쌓을 시간과 자원, 그리고 그렇게 시도해본 경험 자체가 절대적으로 부족했다. 빠르게 추격해야 하는 국가로서 어쩔 수 없이 겪어야 할 숙명이자 이제는 벗어던져야 할 족쇄였다. 이런 문제의식을 담아 《축적의 시간》, 《축적의 길》, 《최초의 질문》 등의 책을 썼다.

한국의 기술혁신 생태계가 가진 문제를 고민하는 와중에 머릿속 한편에는 새로운 기술이 탄생하는 보다 근본적인 원리가 있지 않을까 하는 깊은 문제의식이 자리 잡게 되었다. 한국이냐 선진국이냐를 떠나서 독창적 개념 설계, 혹은 다른 말로 하자면 혁신적인 신기술 그 자체가 어떻게 탄생하는가에 관한 아주 근본적인 질문이었고, 그만큼 해답은 오리무중이었다. 그 해답의 단초가 기술진화의 원리다.

창의적 천재들을 쉬게 할 때

이 책을 시작하면서 에디슨과 아인슈타인, 잡스의 이야기를 꺼냈다. 탁월한 창조적 마인드를 가진 이들의 전기를 읽으면서 경외감과 함께 슬며시 찾아드는 좌절감은 보통 사람이라면 누구나 느끼는 감정이다. 새로운 기술을 턱턱 내놓는 글로벌기업의 행보를 보노라면, 우리 기업도 저런 혁신적 기술을 탄생시킬 수 있을까 고개를 갸웃거리게 된다.

탁월한 기술을 만들어내고자 꿈꾸는 사람은 이들의 창조적 마인드를 배우기 위해 지금도 무덤 속에 있는 에디슨과 아인슈타인, 잡스를 끊임없이 소환한다. 이제는 이들을 고이 쉬게 할 때가 되었다. 탁월한 천재가 아니더라도 누구나 혁신적 기술을 만들어낼 수 있다. 지구를 가득 채우고 있는 그 다양한 생물 군상이 단순하기 짝이 없는 하나의 화합물에서 기원했듯이 기술도 단순한 돌도끼에서 시작해 오늘날의 생성형 인공지능까지 일정한 규칙을 따라 진화해온 것이다. 조합진화, 굴절적응, 스몰베팅과 탐색, 기록의 축적과 전수, 선적응과 분화, 생태계와 공진화를 거쳐 끊임없이 새로운 기술을 탄생시켰다. 이 논리를 이해하면 경이롭기만 하던 신기술의 탄생 과정이 달리 보인다. 충분히 설명 가능할 뿐 아니라 그 논리에 따라 신기술을 만들어낼 수 있을 것이라는 자신감도 생긴다. 이 원리들이 잘 작동한다면 새로운 기술을 탄생시킬 가능성, 즉 진화 가능성이 높은 조직과 국가를 만들 수 있다.

그러나 아직 기술진화의 원리를 완벽하게 논리적으로 밝히는 것은 쉽지 않다. 내 연구실에서도 지난 10년간 기술진화의 논리를 밝히기 위해 기술의 진화계통도를 그리고, 조합진화와 굴절적응 현상을 수치로 표현하기 위해 노력하고 있다. 그럼에도 갈 길이 멀다는 것을 매일 느낀다.

하나 확실한 것은 생물이 그러하듯, 기술과 인간은 서로가 서로의 진화에 영향을 미치고 있다는 점이다. 인간은 기술을 통해 점차 확장된 인간-기술 복합체로 진화하고, 기술 역시 인간의 의지에 따라 진화의 지형도를 탐색해간다. 기술과 인간은 서로를 변화시키고 있다.

기술은 그 자체로 목적이 될 수 없지만, 인간은 존재 자체가 목적이다. 기술은 그 자체로 스스로 진화의 방향을 설정할 수 없지만, 인간은 소망하는 사회로 향하는 방향을 설정할 수 있다. 기술 발전을 위한 노력 못지않게 더 자유로운 인간, 잠재력을 남김없이 발휘할 수 있는 인간, 더 포용적인 사회, 더 평화롭고 안전한 사회에 대한 비전을 설정하는 데도 노력해야 하는 이유다.

기술의 미래는 인간이 결정한다.

주

1. 궁금증의 시작

1   케빈 캘리, 이한음 역, 《기술의 충격》, 민음사, 2011.

2   World Population Prospects, United Nations, 2024.

3. 기술의 생로병사

1   Rogers, E. M., *Diffusion of innovations* (3rd ed.), New York: Free Press of Glencoe, 2003.

2   Solow, R. M., We'd Better Watch Out, *New York Times Book Review*, July 12, 1987.

3   Brynjolfsson, E., The Productivity Paradox of Information Technology: Review and Assessment, *Communications of the ACM*, 36(12), 66–77, 1993.

4. 기술도 생물처럼 진화의 법칙이 있다

1   새뮤얼 버틀러, 한은경 역, 《에레혼》, 김영사, 2018. '에레혼Erewhon'이라는 제목은 '아무 데도 없다Nowhere'라는 뜻의 영어 철자를 거꾸로 쓰고 w와 h의 순서만 바꾼 것이다.

2   리처드 도킨스, 홍영남 · 장대익 · 권오현 역, 《확장된 표현형》, 을유문화사, 2016.

3   조지 바살라, 김동광 역, 《기술의 진화》, 까치, 1996.

4   Ziman, J.M. (ed.), *Technological Innovation as an Evolutionary Process*, Cambridge, UK: Cambridge University Press, 2000.

5   필자의 연구실에서 발표한 기술진화 관련 연구논문들을 소개하면 다음과 같다.

Youwei He, Jeong—Dong Lee, Dawoon Jeong, Sungjun Choi, Jiyong Kim, Dominant design Prediction with Phylogenetic Networks, arXiv: 2407.10206, 2024.

Hayoung Park, Dawoon Jeong, Jeong—Dong Lee, Evolutionary mechanism for diversity dynamics in technology using a phylogenetic tree approach: directional suggestions for photovoltaic technology, *Industrial and Corporate Change*, dtae020, 2024.

Dawoon Jeong and Jeong—Dong Lee, Where and How Does a Product Evolve? Product Innovation Pattern in Product Lineage, *Technovation*, 131, 102958, 2024.

Hoyoon Lee, Dawoon Jeong, Jeong—Dong Lee, Drivers of Institutional Evolution Phylogenetic Inertia and Ecological Pressure, *Journal of Evolutionary Economics*, 33(2), 279–308, 2023.

Jungsub Yoon, Dong—hyun Oh, Yoonhwan Oh and Jeong—Dong Lee, Reconsideration of new product development planning based on the relationship between product complexity and product lifetime: the case of the Korean mobile phone market, *Technology Analysis & Strategic Management*, 36(2), 306 – 318, 2022.

Jungsub Yoon, Jeong—Dong Lee, and Seogwon Hwang, Episodic change: A new approach to identifying industrial transition, *Technolovation*, 115, 102474, 2022.

Woolrim Lee, Jungsub Yoon, Jorn Altman, Jeong—Dong Lee Model for identifying firm's product innovation dynamics: Applied to the case of the Korean mobile phone industry, *Technology Analysis & Strategic Management*, 33(4), 335–348, 2021.

6   Lee, J. D., Jeong, D., Jung, E.Y., Kim, Y.Y., Kim, J. Y., He, Y. & Choi, S., Mapping the Evolutionary Pattern of Mobile Products: A Phylogenetic Approach, *in IEEE Transactions on Engineering Management*, 71, 4776–4790, 2022.

7   필자의 연구실에서 진행 중인 연구의 일부 결과로서, 이 그림은 이지원 박사과정 학생이
    본 연구실에서 만든 제품 진화계통도 알고리즘을 이용해서 만든 것이다.

8   Wagner, A. & Rosen, W., Spaces of the possible: universal Darwinism and the wall
    between technological and biological innovation, *Journal of Royal Society Interface*
    11, 20131190, 2014.

9   NVIDIA Korea Blog, '2012년 이미지넷에서 알파고까지⋯딥러닝의 모든 것', 2016,
    https://blogs.nvidia.co.kr/blog/all_of_deeplearning/.

10 Kauffman, S. A., *Investigations*, Oxford: Oxford University Press, 2000.

11 리처드 도킨스, 이용철 역, 《눈먼 시계공》, 사이언스북스, 2004.

12 최지범, 《개미의 수학: 이동 경로에서 페로몬 그리고 사회구조까지》, 에이도스, 2020.

13 NASA, Report of the Presidential Commission on the Space Shuttle Challenger
    Accident, 1986, https://www.nasa.gov/wp-content/uploads/static/history/
    rogersrep/actions.pdf.

14 Altenberg, L., The evolution of evolvability in genetic programming, pp. 47–74 in
    K. E. Kinnear (ed.), *Advances in genetic programming*, Cambridge, MA: MIT Press,
    1994.

5. 기술은 사회를, 사회는 기술을 바꾼다

1   열두 가지 불가피한 경향성은 다음과 같다. (1) Becoming: 기술이 끊임없이 업데이트될
    것이다. (2) Cognifying: 10억 개의 컴퓨터가 연결되는 초유기체로 인지하는 능력이 향상
    될 것이다. (3) Flowing: 끊임없는 변화의 흐름 속에 있을 것이다. (4) Screening: 모든 정보
    를 읽는 것이 아니라 화면으로 보게 될 것이다. (5) Accessing: 소유하는 것이 아니라 접근
    하는 권리가 중요해질 것이다. (6) Sharing: 공유가 보편화될 것이다. (7) Filtering: 내가 원
    하는 것을 필터링하게 될 것이다. (8) Remixing: 새로운 조합이 끝없이 만들어질 것이다.
    (9) Interacting: 모든 사물이 상호작용할 것이다. (10) Tracking: 모든 행위는 실시간으로
    추적될 것이다. (11) Questioning: 대화하듯 질문하고 답하게 될 것이다. (12) Beginning:
    오늘이 변화의 시작이 될 것이다.

2   Ted Chiang, Catching crumbs from the table, *Nature*, 405, 517, 2000. 테드 창의 원래

원고 제목은 〈인간 과학의 미래〉였으나 네이처의 편집자가 제목을 〈테이블에서 부스러기를 줍기〉로 바꾸어 달았다.

3   호세 코르데이로, 데이비드 우드, 박영숙 역, 《죽음의 죽음》, 교보문고, 2023.

4   Fleck, J., Artefact–Activity: The coevolution of artefacts, knowledge and organization in technological innovation, in Ziman, J.M. (ed.), *Technological Innovation as an Evolutionary Process*, Cambridge, UK: Cambridge University Press, 2000.

5   마셜 매클루언, 김상호 역, 《미디어의 이해》, 커뮤니케이션북스, 2012.

6   Intergovernmental Panel on Climate Change, *Climate Change 2022: Impacts, Adaptation, and Vulnerability*. Contribution of Working Group II to the Sixth Assessment Report of the Intergovernmental Panel on Climate Change (H.–O.(??O.) Pörtner, D. C. Roberts, M. Tignor, E. S. Poloczanska, K. Mintenbeck, A. Alegría, M. Craig, S. Langsdorf, S. Löschke, V. Möller, A. Okem & B. Rama, Eds.), Cambridge University Press, 2022.

7   United Nations Environment Programme, Single–use plastics: A roadmap for sustainability, United Nations Environment Programme, 2018.

8   Mishel, L. & Kandra, J., CEO pay has skyrocketed 1,322% since 1978: CEOs were paid 351 times as much as a typical worker in 2020, Economic Policy Institute, 2021.

9   Azalia Mirhoseini, et al., A graph placement methodology for fast chip design, *Nature*, 594, 207–212, 2021.

10   International Energy Agency, Why AI and energy are the new power couple – Analysis, International Energy Agency, 2023.

11   Layoffs.fyi., Tech Layoff Tracker and Startup Layoff Lists, 2023.

12   도모노 로, 원용삼 역, 《정화의 대항해》, 골든북미디어, 2013.